大是文化

自信沒人能給，更別自己摧毀！

建立自信的7個好習慣

心理學教授
美國資深心理治療師
巴登・高史密斯
（Barton Goldsmith）／著
蕭美惠／譯

100 Ways to Boost Your Self-confidence

CONTENTS

第二章 沒人能給自信，但沒人幫也得不到 053

CONTENTS

CONTENTS

第五章 讓你產生自信的事前動作

第六章 由外而內，建立自信

CONTENTS

推薦序一

自信，其實是非常脆弱的

資深分析部門副總裁、專欄作家、金鐘獎得主／方祖涵

對於頂尖職業運動員來說，跟競爭者相較之下，身體素質其實已經沒有太大差距，心理狀況才是影響勝負的關鍵。而所謂的心理狀況，最重要的，就是「自信」這兩個字。

這兩個字聽起來簡單，卻是難得又容易失去的東西。美式足球四九人隊有史以來最厲害的四分衛喬．蒙塔納（Joe Montana），替舊金山拿過四屆超級盃冠軍，他最讓人津津樂道的表現，都出現在球賽倒數時刻——像一九八一年聯盟冠軍戰，還有一九八八年超級盃，兩場比賽蒙塔納都在最後關鍵長傳逆轉戰局，充滿自信的冷靜表

現，從此奠定他在美式職業足球的代表性地位。

儘管蒙塔納在足球界擁有如此偉大的成績，他仍然表示：「自信，其實是非常脆弱的。」許多跟他同等級的運動選手都有類似想法，像曾經擁有國際賽進球紀錄的美國女子足球名將米婭．哈姆（Mia Hamm）的描述更具體，她說：「我不覺得人們真的了解自信心是透過一天一天來算的，它需要長時間培養，而不是跟電燈開關一樣打開就好。」

有時候一早起床就信心滿滿，有時候卻是需要給自己打氣的一天，每天心情都有不同起點，遭遇不同挑戰，可是，不管是職業運動還是日常生活，下一個挑戰來臨前，通常不會給我們太多自怨自艾的機會。正是因為如此，我們需要把建立自信當作日常習慣，如同巴登．高史密斯博士所說，從生活各方面為自信做準備。

說真的，這是一本誠實的書，會告訴你生活環境不該髒亂，是修整邊幅的時候了；這是一本貼心的書，會提醒你適度休息的重要，也該恰當釋放情緒；這是一本仔細的書，會一再告誡你練習的好處，還有環境對人們的影響。

更重要的是，這是一本有用的工具書，裡面一百個實用小技巧都是高史密斯博士親身經歷，或是從諮商案例得來。每天看一些、做一點，把最符合現在情況的部分記下來，就能幫助我們一步一步走進培養自信的正面循環——有信心的人不會浪費時間忌妒；有信心的人不會讓自己置身負面情緒；有信心的人會樂於助人、會更樂於接受新觀念、會更容易交到好朋友，更能自在的愛人與被愛。

儘管自信脆弱易碎，至少，有了足夠練習，我們會知道怎麼再把它拼湊回來，繼續向前邁進——就像書裡我很喜歡的一段話，「建立自信不是為了征服全世界，而是為了盡情享受人生。」

推薦序二

建立自信，從小習慣做起

心理諮商師／周慕姿

高三聯考前，我的壓力非常大。高二的我把時間都用在參加社團與校隊，升高三後又逃避不想讀書，所以到了畢業前，在學校的模擬考，各科成績都不到均標，幾近存亡之秋。於是高三畢業前，我跟著同學報名當時的「考前衝刺班」，聽起來很厲害，其實只是提供一個規律的念書場所、幾次的模擬考。

對我來說，考前一個月是我的活命稻草，因此我死命抓住每一刻念書，只是總因「念了又忘」而產生焦慮與懷疑，面對這些自我懷疑，我做了兩件讓我印象深刻的事。

首先，每天早上梳洗完，當時的我會對著鏡子的自己精神喊話：「放心，你一定會考上想要的志願，一定可以的！」當我越沮喪，我越是對自己大聲的打氣。那時的我認為：「認輸的話，比賽就結束了！」於是，我用「相信自己」的心情，每天念超過十二小時的書，心無旁騖的準備考試。

第二件事是聯考前一週，我考了最後一次模擬考，但成績跟之前沒念書的狀況差不多。我打擊超大！腦中忍不住想：「天啊，你念了書，卻跟沒念書的成績一樣。只剩下一週就要聯考，怎麼辦？」

當時，我超級沮喪。後來我決定打電話給我一個確認推甄上第一志願的好朋友。那時還是BB call的年代，我打電話留言，一邊講一邊哭，說著我對自己有多失望、懊悔自己太晚開始準備，還有我的擔心。奇妙的是，講完電話的我，就像是告解完一樣，突然覺得那些懷疑消失了，我似乎又有力氣衝刺。於是我安慰自己：「壞運都用完了，接下來的好運，全都會用在聯考上。」

後來，我的聯考成為我最好的成績，如願上了我的第一志願。

讀這本書時，我想起這個經驗。我非常同意作者的看法：「很多時候，自信是被自我懷疑與自我打擊給摧毀的。」就如同有人對我們很有信心，會讓我們覺得，自己似乎獲得力量、可以做到一些事。那麼我們能不能試著，當自己的啦啦隊，而不是唱衰自己的人？

這本書的特點著重在「可以怎麼做」，沒有花太多篇幅討論「沒自信是源自於……」，是一本注重「做法」的工具書。事實上，我時常遇到有些人了解自己沒自信的原因後，卻苦無建立自信的步驟與方法。這裡提供了許多訣竅，每個人都有機會從中找到、調整成適合自己的方式，一步步陪著自己建立自信。

想要建立自信，就從日常生活開始吧！當你建立對自己的信任，會發現越來越喜歡自己，對自己的看法，也將有所不同。這，就是自信的來源。

前言
想東想西，你想過建立自信嗎？

研究顯示，人腦可以同時思考五到九件事，所以，你得花點心思分辨出：哪些想法可以幫助你建立信心，哪些想法對你壓根沒有好處。

建立自信的第一步是要了解，**信心沒人能給，它來自於你的內心**，只是它可能已經躲藏一陣子了，了解這點，你才能找出自信。找到之後，第二步是下定決心維持，這樣你才有能力駕馭它。

經常生活在疑慮及艱困環境下的人，很難對自己產生信心。如果你也是這麼想，我建議你不妨多回想對自己感到滿意的時光，這些就是有自信的回憶，**假如你曾經辦得到，將來一定也可以**。光是回想過去的成功，重新感受當時的正面情緒，就可以加強自信，因為你不光是在空想而已，你明白自己曾經如此有信心，將來也可以。

這些過去點點滴滴的成功、驕傲和肯定，就像種子：如果你種下種子，給它們陽光和水分（指花點時間和心思），你就會對自己所做的事更具信心。

雖然建立自信這件事不需要做重量訓練，甚至不需要穿上跑鞋，是一種情緒上的練習。但剛開始時，大多數人都有些不情願，部分原因是他們不習慣這麼做，所以總有一些不安全感。此時你應該拋開你的不安，確實練習如何找出自信心的方法，一旦養成這些習慣，你將會很感激自己開始這樣做。

建立自信不是為了征服全世界，而是為了盡情享受人生。這不需要花你多少心力，因為它就存在於你的心靈深處，我想，最後的成果將會使你非常開心。

第一章

和生活習慣
大有關係

1 說你不好，你就相信了？

我總是在自身之外尋找力量和信心，但信心其實來自於內在，且一直都在。
——心理學家安娜．佛洛依德（Anna Freud）

負面的環境對人有害。誰都無法在負面環境中得到身心的安寧，這種環境中的人與事會貶低你的自我價值，甚至是求生的意志。

我說的不是那種偶爾一兩天很糟的日子，而是一個讓你長期都很沮喪的環境。如果老闆、老師、老爸老媽、另一半、同事、同學……不斷批評你，說你不夠好，而你還一直跟這些人耗下去，到最後你就會相信他們所說的話。

地球上只有兩種生物是你一直跟他們說「你很不乖」，他們就會相信：狗和人。

我們都看過喪家之犬。牠們夾著尾巴，頭垂得低低的。牠們很容易因受驚嚇而做出反擊（害怕時就狂吠或嚎叫），似乎永遠缺乏安全感，也不會再搖尾巴，看了會讓人很難過。

當一個人時常被別人貶抑，或者在一家施行威嚇管理的公司上班，他也會出現類似的反應。生活不開心，自信心很容易被擊垮。大多數身處在這種環境的人都找不出反擊的力量，因為他們已經身心俱疲。

唯一的解決方法是後退一步，讓自己看清整個環境局勢，如果你發現自己身處這樣的環境，再多努力也無法改善，**唯一且最好的方法就是選擇離開**。

如果你因為害怕而繼續留在這種環境，或繼續維持這種負面關係，你就是罹患了「受暴者症候群」（battered person's syndrome，受虐婦女不斷回到施暴者的家中）。受暴者這麼做的原因，是以為若換個不熟悉的環境可能會讓情況更糟（這是完全錯誤的想法），於是她們選擇回到自己熟悉的地方。

自信心無法存在於負面環境。沒有人應受到如此差勁的對待，所以，你最好立刻收拾行李或寫下辭呈，因為在他人負面行為的恣意妄為下，你永遠都不會幸福。

大多數人在脫離這種負面環境或關係後，第一件事就是罵自己：「我為什麼拖這麼久才採取行動？」所以別再浪費時間自怨自憐了。現在你只需大步往前走，拋開過去。相信自己有能力改變生活，並喜歡這樣的自己。

2 整理一下你的門面

我並沒有那麼聰明，只是想問題的時間比較久而已。

——愛因斯坦（Albert Einstein）

當生活開始失控，你失去自信時，有許多簡單的小方法可以幫助你。

- 去洗個臉或刷個牙，讓身體冷靜及放鬆下來，你會有股「重新開始」的感受。

● 看看自己的文憑和證照。如果你沒有把它們裱框或掛在牆上，現在就動手吧。它們可以證明你的成就，**「回想自己過去的成就」，是建立自信的重要一步。**

● 回想你上一次（或是最大的）成就，最好想個六十秒。**三不五時想想自己過去的豐功偉業，可以幫你不斷再創巔峰。**道理很簡單，因為你過去可以辦到，將來一定也可以。

● 除個毛吧（不論是刮鬍子或是除腳毛）。別笑，這個方法可以讓你覺得清新舒爽，而且當我們的外表光鮮亮麗，就會對自己更有信心。

● 記住，你的親人和朋友都很愛你。多與親人或朋友相處，了解到有人無條件的愛著你，可以讓你更愛自己。

● 有開車嗎？把車子裡裡外外洗乾淨。當愛車閃閃發亮時，我們就會有好心情。不信？不妨回想上次你搭到一台髒亂車子時有何感受。所以趕緊去洗車吧！

● 穿上乾淨的鞋襪。通常需要一兩天的時間，才能把鞋子裡面的溼氣排除，所以你應該天天換一雙乾淨的鞋子。這個簡單的方法可以讓你重新站穩腳步。

●整理衣櫥，丟掉不再穿的衣物。舊衣服或許會因為復古風而再度流行，但你不能任它們掛在衣架上二十年。丟掉舊衣服，才有空間放新衣。有些人穿上新的「來電裝扮」，就能充滿自信。

●煮一頓美味料理。即使一個人住，也請為自己準備一頓可口的晚餐，布置漂亮的餐桌，豐盛的食物可以振奮精神。如果與你心愛或尊敬的人一起用餐，還能夠加倍滋養。

記住，你是白手起家的，身邊的一切都是你自己打拚得來的。每個人都會喪失自信，尤其是事情出錯時。但事實是，只要你曾經成功過，就可以再次做到，不論是什麼事。

這些事花不了你多少時間。當覺得自己跌落谷底時，找些方法為自己加油打氣，是有自信的人一直在使用的小撇步。

3 用寫的，列出待辦事項清單

最困難的事是決定付諸行動；其餘的不過是堅持下去而已。

——女飛行家愛蜜莉亞．埃爾哈特（Amelia Earhart）

除非你有準備，否則不會有自信。

那麼要如何準備？你得接受教育、學習，還有永遠都不要停止閱讀。不管是進行簡報或約會，做好準備會使你有安全感，讓你展現出最好的一面。

事前做好準備，也可以應付意外狀況。只要有準備，你所害怕面對的問題也會變得容易解決。

當然，我們不可能隨時準備好人生中的每一件事。但只要養成準備的習慣，日後就一定會派上用場。相信我：任何準備都不會白費力氣。今日不論你準備了什麼，就算明天沒有用到，將來總會用得上。

情緒上的準備跟身體上的準備同等重要。最好的準備方法是把你要做的事情「視覺化」（在心裡想像發生的景況）。比如說參加考試，你要想像自己真的通過考試了。如果是發表演說，就想像聽眾點頭稱是，熱烈鼓掌（或者是對你的笑話報以哄堂大笑）。這種視覺化技巧已用於治療癌症病患，我相信它會讓你變得更有自信，同時幫你完成眼前重要的任務。

在開始一個計畫前，先在心裡想好或寫下清單，你將會對要做的事覺得更有信心。同時，它可以提醒你可能漏掉的，你就不會一直懷疑自己是不是忘了什麼。我很難想像一個人如果手邊沒有待辦事項清單的話，要怎麼過日子。**待辦事項清單，是我們建立自信時最大的幫手**。

出門打高爾夫球前，細心準備你的道具，如同打算攀登阿爾卑斯山的馬特洪峰，並在心裡模擬使用這些東西。想像你把高爾夫球放在釘座上，環顧四周，確定不會用鐵桿打碎你老闆的腦袋，並準備好揮出漂亮的一擊。

有些老掉牙的笑話嘲弄男人永遠懶得閱讀使用說明；在科技革命之前或許是這樣的，但現在行不通了。產品已變得太過複雜，你至少得先看過操作手冊，才能把新的電玩遊戲機組裝起來。

4 說「我行」，當口頭禪

當人開始認為自己可以有所作為時，就會變得很了不起。一旦他相信自己，就掌握成功的第一項祕訣。

——《積極思考的力量》作者皮爾博士（Norman Vincent Peale）

人很容易負面思考，這很正常。可是，一旦把負面思考變成習慣，就會阻撓你享受人生、達成目標，甚至找到真愛。

戒除這種習慣的方法之一，就是在負面想法一浮現時，立刻加以排除。久而久之，你反而會得到正面的體驗。

假如你覺得壓力太大，不妨試著給自己服下一顆耐心丸。告訴自己要有耐心，靜待這些令人不悅的消極想法或時刻結束。有時，老闆、同事或父母找你麻煩，或者事情發展不順心，你會心情低落。這種事是很難避免的，以下是一些建立正面思考的小方法。

把日常生活中一些有建設性的想法寫下來，這份清單可以幫助你走過難關。接著再回想，以前的你是如何依賴這些力量解決其他挑戰。

你看過《小火車做到了》（*The Little Engine That Could*）這本經典童書嗎？跟自己說：「我想我可以。」或者你可以跟自己說：「我知道我可以做到。」效果還會更好。

當你注意到自己出現「我不夠好」這種消極想法時，大聲告訴自己：「停。」接著做出正面宣示，例如：「我曾經成功過，這次一樣可以辦到。」

負面念頭會消耗你的能量，正面思考則可以給你更多能量。這一加一減的簡單算數就能讓你明白，為什麼要設法斷絕消極想法。負面想法不僅是一種壞習慣，還可能對你及你愛的人造成傷害，尤其是當他們也開始跟你一樣接受負面想法時。所以，關掉腦袋裡的負面思考，想一些你曾擁有的美好事物，你的世界會變得更加美好。

你要下定決心，絕不讓痛苦的情緒或境遇一直纏著你，甚至壓垮你的人生。

5 改掉拖拖拉拉，有三種方法

拋開所有的藉口，記住：你可以做到。

——美國勵志演說家吉格．金克拉（Zig Ziglar）

「我一直想要做這件事，但總被其他事耽誤了。」這是喜歡拖延的人最愛說的話。如果你總是拖延必須完成的事，會把自己的人生搞得很悲慘。

以下是一些避免拖延的小祕訣。

• **直接去做最省時**。我很討厭洗碗，總是把碗盤堆在水槽裡。有一天我正好趕時間，在動手洗碗前便瞄了一眼時鐘。等我洗好時再看一下時間，原來從頭到尾我只花六分鐘洗碗。這下我才明白，比起我逃避洗碗而去做別的事，洗碗其實花不了多少時間，直接去洗原來最省事。此後，我的居家生活就變得愉快多了。

喜歡拖拖拉拉的人，會把時間都花在找藉口，他們會說：「那不是我的工作。」或者想著「我可以找誰來頂替我做這個？」其實，只要直接去做，反而可以省下很多時間。

• **找個人一起做**。假如你害怕做某件事，不妨找同伴或朋友來一起幫你。對很多人來說，有人陪伴是一股很強的動力。恐懼使我們不敢面對人生的許多事，克服恐懼會讓你變更堅強，也會加強你的人際關係。

• **做完後休息一下**。有時我們無法把事情做完，只是因為我們累了。克服這個問題的最好方法之一，就是在完成之後小睡一會或休息一下。休息是一定要的，我們不可能永遠工作，好好休息會讓你更有爆發力。

改掉拖拖拉拉的習慣是件好事，但你不可能在一夜之間就建立新習慣，按部就班，等你發現自己有改變時，你便會愛上這種積極態度，也能更享受生活。

6 有空的時候，休息一下

當你年老時，你會發現自己沒多久前才出生的。時光縮短了。

——美國寫實主義作家豪威爾斯（William Dean Howells）

現代人生活步調很緊湊。想想看有多少次你匆忙丟下工作，衝出門去接小孩或採購日用品，然後飛奔回家做晚飯，接著看小孩做功課，自己再一邊準備明天的工作。沒有人可以在這種壓力下保持積極或放鬆。科學數據告訴我們，沒有定期放鬆的人容易變胖，更容易憂鬱，有更多感情問題。當你願意放慢腳步把事情想清楚，一切便豁然開朗。

不妨想像自己好像在度假。多數人想到度假時，會想到微風輕拂的熱帶海灘。這聽起來或許很可笑，但是單單想像這些景象，就比實際去度假更具鎮靜效果。只要花上一兩分鐘想像自己正徜徉在最喜愛的海灘，就可以舒緩緊繃的神經，降低你的腦波、脈搏和血壓。而且，你不必經歷機場安檢就可以享受這些。

我認識許多人，他們不僅擁有成功事業，還懂得抽空休息。即使只是休息數小時或十分鐘，也能大大提升你的生活品質。關鍵在於，你要把「休息」這件事列為優先事項。

想要獲得平衡的生活，你要定期小小休憩一番。如果你不偶爾放鬆，會因為壓力和過勞而死亡。你一定要抽空去欣賞落日餘暉、鳥兒鳴唱，或者看看孩童臉上的笑容，這會讓你活得更久，活得更美好。

7 隔一段時間整理書桌

太乾淨的書桌是病態的象徵。

——愛因斯坦

我常因為找不到放在書桌上寫著重要事項的小紙條，讓我焦慮感大增，信心指數頓時降低。這是一種很不舒服的經驗。當然，隨時把東西整理得有條不紊真的是一種挑戰，相信你也有這種感覺。

但我確實相信，「隔一段時間」整理一次書桌是很好的心理治療。你可以知道東西究竟放在哪裡，降低你因為找不到東西以致精神小小崩潰的機率。

整理完書桌後，我會覺得精神大為滿足。沒用的紙張裁碎了，過期的折價券扔掉了，井然有序讓我對自己更有信心。

這或許是件小事，但是在集合許多小事之後，你就能創造一件大事。試試看吧！你不但會更喜歡自己，也會找到以為遺失許久的東西。

8 學會用電腦，用很熟

信心是成功的好朋友。——無名氏

懂得電腦操作，會讓人覺得很有力量——如果你跟我一樣是科技白痴，只要懂得一些皮毛就夠了，雖然這些機器有時會讓人抓狂（儘管它們的用途是要讓我們的生活更輕鬆）。

因為**學習新事物可以增生腦細胞，預防老人痴呆**。

為什麼電腦故障會給我們那麼大的情緒壓力？這是因為，你會開始想：我能做完工作嗎？什麼東西不見了？要花多少錢修好它？我能找誰幫忙？要花上多久時間？而這些還只是基本問題。

當想到這些事時，腎上腺素和皮質醇（壓力荷爾蒙）會立刻上升，你的身體便發生異樣，由盜汗到侷促不安，身體的焦慮反應令人極為不悅，讓人很難專心。就算問題迅速解決，經歷這種短暫的恐慌會讓你花上短則一小時、長則一天的時間才能復原。這種狀況不利於你的自信。

在你學習新事物時，實際上是在刺激心智的成長，如果你每週花一兩個小時學學電腦，網路上有很多人會免費傳授經驗，當然外頭也有很多人開班授課，你在短時間內便能熟悉電腦。有了這種能力，你能利用網站連結到世上許多不同地方。發一些推文或者寫點部落格，便能接觸到千百人的生活。就是這麼簡單，而這真的能夠建立自信心。

9 自己動手做點東西

老年不應帶來衰頹的憂愁，而應為我們帶來在美好世界享受永遠年輕的希望。

——帕瑪（R. Palmer）

最近，大家很流行「DIY」（自己動手做）。我個人沒什麼機械技能，不過還是會東摸摸西碰碰，偶爾還真的可以把東西修好。

有趣的是，雖然我是個手藝差勁的技工，每當我花力氣整頓自己的居家環境，就算沒有做得很好，仍會對自己和生活感到更加滿意。

你或許不具備某些方面的才華，但不代表你不能培養一些最基本的技能。例如換車胎，就算你有道路救援服務，你的車是新車，或是你從來不曾離開市區，你還是需要知道怎麼換車胎。找個時間在自家車道上練習，總勝過在大半夜時求助無門，只好在暗巷裡等人救援。

積極主動的學習態度可以替你節省時間、金錢和許多痛苦。況且，一旦你學會如何解決生活中許多突發的狀況，日子會變得輕鬆許多，因為你相信自己可以面對新的挑戰。

10 減掉體重，就會增加自信

說自己沒有時間運動健身的人，遲早要找出時間來生病。

——達比伯爵愛德華．史丹利（Edward Stanley）

如果你身體健康，就有信心能完成任何事。如果不健康，就連想要活下去都是個挑戰。

保持身材對於自我認同和身體健康是很重要的，而運動便是你最簡單、最容易取得、且最便宜的抗憂鬱處方。所以不要光是坐在那兒閱讀一些運動對你的身體和心靈有多好的報導，快起來運動吧！

還記得小時候，父親的菸友用他沙啞的聲音說：「孩子，如果你沒有健康，你就什麼也沒有。」當時，這些話聽起來很無趣。但現在，我了解到他說的是對的。讓自己更健康，並且幫助所愛的人獲得健康，是自信且滿足的人生很重要的一部分。

我很訝異，願意好好照顧自己身體的人真是少之又少。有些人照顧他們的寵物勝過照顧自己。我也深愛我的寵物，不過我知道如果我病得連開罐器都扳不動，牠們就會挨餓，所以我得保持健康來照顧牠們。

若沒有健康的身體，你的精神狀況永遠不會好，夢想也無法實現，這樣的領悟確實激發許多人開始運動。你需要一個好的身體，才能使你的心智和想法常保活潑。

我看過一個女人，在晚年時才開始運動。剛開始她的體重過重、臉上沒有笑容，而且容易滿身大汗。過了幾個月，我注意到她瘦了一圈，頭髮散發光澤、皮膚也光澤動人。她穿著一件閃亮的緊身運動褲和緊身上衣，看起來美極了。當我告訴她說她變瘦了，並問她覺得怎麼樣時，她回答我：「我終於喜歡上自己了。」

我希望你也如此。減去那些過多的體重，**感覺自己身體強健，能增加你的自信，無論你正處在人生中的哪個階段。**

11 多寫，盡量寫下來

一個人自我成長最美好的時刻，在於他不再逃避，坦然接受真正的自我。

——《積極思考的力量》作者皮爾博士

我很喜歡創作歌手萊爾．拉維特（Lyle Lovett）的表演，他是一個很有自信的人，也是我最欣賞的音樂家之一。早在女星茱莉亞．蘿伯茲之前（萊爾．拉維特與茱莉亞・蘿伯茲結婚），我就是他的粉絲，因為我真的欣賞他的創意。在一場音樂會上，他和聽眾分享了一個故事，觸動我的心弦，散場時我聽見別人也在談論這件事。他說：「對很多人來說，寫作就像是一種治療。如果有人不這麼認為，別理他們。」這點我完全認同。

寫作是一項很棒的治療與建立信心的方法。你可以抒發自己的情感，好的、壞的或無關緊要的，不論是音樂、書籍、日記或專欄，將自己的想法白紙黑字寫下來的過程，是無與倫比的發洩，同時也能看到自己的成長。

如果你的文字和想法是悲傷的，寫作將是一種宣洩，好比你邊寫邊哭一樣——我們偶爾都需要好好哭一場。**情感的爆發可能有歡笑也有淚水，但都是發自內心，並且具有治癒效果**。

電影《愛你在心眼難開》（Something's Gotta Give）很精彩的一幕是，女主角黛安・基頓正在寫作一齣講述她跟男主角傑克・尼克遜關係的劇本，當她在寫結局時，一邊打字一邊哭泣，還笑著看待自己的情感與這段經歷。在她敞開自己破碎的心扉時，她領悟到，別人也能因她而體會到愛情與人生的喜悅與痛苦。她同時相信，她的劇本一定會大受歡迎。

假如你把這些情感封鎖在內心，最後一定會出問題，你要不就是情緒爆發，要不就變成憂鬱。經常寫作是一個很好的方法，可以抒發不安的情緒，洗滌心靈和頭腦，然後讓人生繼續前進。

寫作有很多種方法。現在，只要寫部落格就可以跟世界分享心情；把過去幾年存在你腦海裡的書或劇本寫出來，只要一兩段就會有神奇的效果。你不必寫出一部《戰爭與和平》，也能有治癒的效果。

如果你不介意讓數十億人進入你的私生活，寫個人網誌是一種好方法，可以檢視自己的情感，並且消除痛苦。**寫作是建立自信的一項寶貴工具**。所以，打開電腦（或拿出你的吉他），說出自己的心聲。不管有什麼成果，你都會覺得好多了。

12 把重複的事變有趣，會成高手

練習時滴下的汗水越多，戰爭時流下的血便越少。——無名氏

有個老笑話是，一名觀光客在紐約街頭詢問某人，該如何前往卡內基音樂廳，這名路人卻回答道：「練習，年輕人，練習。」無論你的演出項目為何，請開始鍛鍊與磨練。當你對於所做的工作得心應手時，你的自信便難以動搖。

練習，即便你一再的重複進行同一件事情，也不必然等於無聊。是的，音樂家一演奏起來便是數個小時，運動員也經常做無止盡的訓練，在此同時，他們也能更專注，或是練習預見自己的成功。

身為一名作家，我相信（有些人可能會不同意）除了寫作本身之外，很少有什麼其他的練習方式。有些人喜歡以閱讀來暖身，有些人則會列出寫作大綱或要點，以協

助自己開始下筆。這些準備功夫都是很好的方式，有助於創作出滿意的作品或表演。

有位知名音樂家曾說過，如果一天不練習，他便會察覺到有什麼不對勁；如果兩天不練習，他的老師也會察覺到；如果三天不練習，聽眾們便會察覺到。所以他每天都坐在琴鍵前，鍛鍊自己的技巧以維持信心。

為使練習成為一件你樂於每天從事的事情，你必須先做一些心理建設，才能落實此一想法。假使你只是因為練習可以提升技巧，所以才樂於練習，這也無妨，因為這麼一丁點的正面態度已可協助你更上層樓，技巧持續精進。不過若是能夠在過程中感受到一些樂趣，那麼這個練習也會變得更加輕鬆。我們都知道熟能生巧的道理，不過有些人卻沒發現，**練習也能夠促進你的自信**。

13 打扮打扮

明事理者與紈褲子弟的不同之處在於：後者以衣著裝扮而自珍，前者則對此嘲弄，卻又明白自己不可忽視這一點。

——切斯特菲爾德勛爵（Lord Chesterfield）

早在「穿出成功」（Dress for Success）服飾公司上市以前，人不但早就以貌取人，甚至完全以衣著來劃分階級。古時候，貧民與貴族由其衣著裝扮便可遠遠的分辨出不同（甚至是身上的氣味）。一直以來，衣著都是展現他人對你的觀感的方式。

許多人的穿著是為了要讓他人留下印象，因為他們希望別人對他有某種特定認知。企業主管會穿著權力形象十足的西裝與領帶，搖滾明星（以及想要成為搖滾明星的人）則會利用打洞、刺青以及皮衣來為樂迷創造某種形象。各行各業的人士皆不只是要穿出成功，也要穿出效果——無論是好是壞。

你的外貌也會受制於你對自己的觀感。你所選擇的衣服會讓你給人某種特定感覺，如果你喜歡這份感覺，你就能夠充滿力量；如果你不喜歡，你的自信心也會被打落。

我有個朋友發明了「修甲憂鬱症」（manicured depression）這個辭彙。因為無論何時只要她的心情有些低落，她便會去做一套指甲或是指甲護理，穿上一些能夠令她自我感覺良好的衣服，在購物中心裡趾高氣揚。由陌生人的身上獲得肯定的注目，可以讓她感覺良好，接下來她便能自信的著手處理當下困擾她的任何問題。

如果你對於自己並不是那麼的滿意，請嘗試一下她的方法（好吧，男生們可以跳過手足護甲不做，改成擦亮鞋子。）送給自己一份禮物，讓自己煥然一新，可以使我們更加滿意自己的生活。

所以，好好為自己精心打扮，因為你值得。

14 來幾次「一家人的旅行」

如果你明智的運用經驗，任何事都不會是浪費時間。

——法國雕塑家羅丹（Auguste Rodin）

小時候，父母經常幫我向學校請假，然後帶我跟他們一同去旅行。父親相信旅行的見聞勝過我從課堂上學到的東西。這點我十分同意。我一直認為，長大後的我可以應付各種狀況，是因為在成長的過程中，父母帶著我在國內趴趴走，經歷許多不同情況的關係。

聽到幫孩子請假去旅行，很多家長都會倒吸一口氣：「他們會遲交作業，他們會趕不上進度，他們需要同儕支持。」這些顧慮都有道理，但在現代，有許多科技產品可以讓你跟人保持聯繫，甚至在家自學。

跟家人一同去旅行，是一種親密（又具教育性）的經驗。親密關係對於培養小孩和父母的信心是很重要的。如果你確信你的所做所為都是為了小孩好，你對自己也會更有信心。

我的老師泰格女士（看吧，我們都會記得老師），鼓勵我們幫助別人，參與「社交活動」。團隊合作的精神、旅行得到的知識，以及認識來自不同地方的不同人們，都比學校課程來得更具啟發性。雖然一群小學五年級學生的行為改變不了全世界，但從事這些活動所帶來的信心，確實改變了我，並為我的人生增添更多色彩。

我認識一些家庭透過旅行，教導自己的小孩學習。我也認識一些靠著電視節目和電影「學習」的小孩，重新回到學校後，功課還超前他們的同學。況且，一邊旅行一邊教導子女的父母同時也在學習、成長，因為他們知道自己正在盡最大努力，教養出有自信的子女。

15 睡午覺、喝下午茶

作為一個冠軍，就要表現得像個冠軍。你必須學習如何獲勝，並且不在失敗時逃跑。每個人都會有表現不好的時候，也都會得到真正的成功。無論如何，你必須注意的是不要失去自信，或是變得太過自信。

——奧運滑冰銀牌南西．凱瑞根（Nancy Kerrigan）

無論低潮在何時來襲，我總會走到戶外，坐在湖畔，十分鐘後，便讓我重新感覺自己像個人。或許有些人會選擇跑步或閱讀，但無論是什麼活動，只要能夠有用，便是正確的選擇。

如果你已經筋疲力竭，那麼最好的選擇或許就是上床睡覺休息一番，即便現在還是大白天。據我所知，有許多位高權重的經營者都會進行二十到五十分鐘的「能量午睡」，這可以讓他們在接下來的下午時間充滿活力。連五歲小孩都知道午睡能提升能量——或許我們也應該從中學習。

午後低潮是很自然的人性，因此英國人在幾個世紀前還創造出「下午茶」。一點咖啡因刺激，就讓許多人獲得所需能量，度過剩下的半天。

一旦找到自己的能量提升之道，你的自信心也會隨著能量而提升。

第二章

沒人能給自信，但沒人幫也得不到

16 如果父母害你沒自信……

自信，其實是非常脆弱的。

——美式足球四九人隊四分衛球星喬・蒙塔納（Joe Montana）

如果父母的教養方式，讓你變成一個很沒有自信的人，現在想要改絕對來得及。找一位你尊敬的人，請他擔任心靈導師。大多數人都會為此感到榮幸，並願意盡其所能的協助你。

心靈導師所要做的並不是心理治療，也不是人生規劃，而是一位在特定領域擁有豐富經驗，願意與你分享所知所學的人，並協助你在工作與生活的各個急流中航行。

你可以在生活中的多個領域擁有不同的心靈導師。戀愛導師可以協助你度過感情的低潮；你也可以找一位釣魚或打網球的心靈導師，這與純粹的上課學習並不同，因為心靈導師關照的是你的人生幸福，而非教導你如何「提升技巧」。

舉例而言，我的網球心靈導師不跟我打競賽式網球，我們打的是一種「禪式網球」（Zen tennis）。禪式網球的目標就是與你的球伴（而非對手）能夠彼此輕鬆且長時間的接球擊球，我們的重點是打球，而不是贏球。這是一個很好的方式，可以精進你在球場上的準度及專注力。此外，這也是一種很好的練習，不會有人在離場時感覺自己輸了。這是建立自信的絕佳之道。

在生活的任一領域擁有一位心靈導師，是很有價值的。身邊有個你所信賴、清楚自己在做些什麼、也了解你是誰的人，會讓你充滿自信，這是一份極其美好的禮物。如果你從來不曾擁有一位心靈導師，現在馬上去找一點也不遲。如果你早有此習慣，再多增加一位也是不錯的主意。

現代生活的種種問題只會變得越來越複雜。當困擾來襲，而我們又不知所措時，這會打亂我們的自信。這時候與心靈導師談話就是一個很好的方法，可以強化你的能力，讓你想起自己所擁有的聰明才智。

17 幫人小忙，或幫大忙

只要回頭，你都會找到需要你的人。

——史懷哲（Albert Schweitzer）

幫助別人建立信心，也會讓你的人生更加美好。這和對別人說句「謝謝」一樣的簡單。但令人訝異的是，許多人一輩子都沒有對人表示過感謝。簡單的拍拍背，寫張感謝字條，以及表達謝意的小禮物，你可以用這些方法為別人加油打氣，這其實花不了你太多時間和精力。

你什麼時候感謝過心愛的人？你是否曾經感謝過與你合作的人？在這個數位時代，或許你們從來不曾見面，你如何讓他們知道你感謝生活裡有他們的存在？我會在適當時間寫張小紙條，衷心感謝他們給我的幫忙。

我發現多數人都喜歡受到讚賞，我對自己能夠事事想到並感謝他們，感到很開心。因為這樣做，人際關係一定會變得更好，不論在公事或是私事。透過讚美來幫助別人建立信心，最後會以很多方式回饋到你身上。**協助他人建立信心，就等於幫助自己建立自信。**你的人生以及他的人生，都將因此變得更加美好。

18 接納別人的想法，不會沒面子

信心是一門藝術：不是你該懂得一切答案，而是願意接納所有問題。

——史蒂文斯伯爵（Earl Gray Stevens）

開放心胸接納新觀念才能建立自信。這表示你相信那些你覺得可信賴的人，以及自己的能耐。假使你永遠獨立作業，又不願接受周遭人給予的建議，很難將自己的層次向上提升。

從身邊有能力的人獲得一些概念或是想法，絕對是件聰明的事。除非你打算離群索居，否則一定會受到身邊人事物的影響。你應該以開放的態度接納這些人與觀念，讚美與肯定那些幫助你的人。

某些時候，有些不過是大家打趣提出的「異想天開」念頭，常會產生很棒的結果。這就是我所謂的點子遊戲（playing with ideas），也可以稱為腦力激盪。有時候某人會出於搞笑或為引起反應而說出一些話（小孩們在這方面最擅長），後來卻成為所有人一致同意的想法。

有時候你的確想出了某些好點子，卻可能因為對自己過於嚴苛或自信心不足，反而把這個點子放棄了，其實，你應該勇敢的接納自己，尤其在遭遇困難時。

假設你無法打開心胸接納不同類型的人的智慧，你的經驗與自信會受到極大的限制。

19 以別人的幫助當基礎，又何妨

知其可為而後行。

——《意念的力量》作者詹姆斯．艾倫（James Allen）

當你打算建造一棟房子時，第一件事就是決定需要什麼樣的地基。同樣的，在進行一項新事業時，你也必須先這樣思考：審慎評估，確保能找到貸款的銀行、房屋仲介與企管顧問，如此一來，等到團隊人員都準備就緒後，每樣事物即能相互配合，你的事業或是新生活也可以有一個好的開始。

事業、人生其實和房子一樣，都需要定期維護，過程中甚至可能需要大舉整修——但這並不代表你失敗了；多數建築承包商都會告訴你，只要房子基礎夠好（具備良好骨架，穩固的地基），你可以進行任何一切所需的整修，甚至是改建與擴建；這一點也同樣適用於人生。

不過，受過好的教育並不是打造人生基礎的必要條件；你可以依憑的是自己的聰明才智、經驗及其他人的幫助，開創出所渴望的工作與生活。我們的人生地基可以來自任何地方，或許是父親曾教過你如何建築與修繕，或是母親給予你一份裝潢布置的才能，讓你即便從來沒有讀過建築，一樣可以擅長此道。原因就在於你擁有一個良好的基礎，無論這個基礎是與生俱來或是後天學習。

20 別獨居，你只是「有時」要獨處

當你孤單一人時，你只剩下自己。

——達文西（Leonardo Da Vinci）

根據統計，與人同居比獨居者的壽命更長。更多研究也發現，離群寡居對身體有害，更甚於抽菸。當然這並不代表你應該趕快結束單身生活，不過，這項結論應可改變你對人生與感情的一些看法。

我們並非注定孤獨，單是這個星球就有數十億人口便是明證。但仍有數以百萬計的人因為情感受過傷，於是選擇獨居。

這些曾有過感情衝突的人，可能認為只要照顧好自己或寵物，人生比較簡單。面對另一個人通常讓他們覺得筋疲力竭，特別是如果那個人跟自己的關係並不好時。

那些自絕於人群之外的人，可能會面臨抑鬱及焦慮的精神問題；他們卻誤以為獨處可以讓一切有所改善。當然，並不是每一個選擇獨自生活的人都容易情緒失調，但假使你有些憂鬱的傾向，便該找專家來為你做一番檢查。

離群索居可能會讓你感到安全，但這只是一時的錯覺。因為**身旁沒有人認可你的存在，你很難感到自信。**當你與某個人一同分享時，生命會變得更有意義。當然，就算與人共同生活，你有時也需要擁有屬於自己的空間，但那只是「有時」。

21 做一點好事，賺到很多朋友

若是你發揮自己的能力到極限，一定會對自己感到滿意及有信心。

——潛能開發大師博恩．崔西（Brian Tracy）

電影《搶救雷恩大兵》（Saving Private Ryan）結局的一幕是，這位獲救的士兵年老時，問妻子說他有沒有「值得」了這一生。這其實就是自我價值及快樂的真諦，這不是你去迪士尼世界遊玩的那種快樂，而是發自內心知道自己因為付出而改變。

千萬不要小看「付出」。付出自我，為周遭或世界付出，這種力量可以讓每個參與其中的人獲得情緒的治癒，帶來更好的心理健康和更好的人際關係。你或許沒有真正賺到錢，但所投資的自我價值，會為你帶來更好的報酬。

付出自我不是指要當選年度志工，也不是說必須犧牲你喜愛的事物。而是當有能力去幫助急難的人時，你應當馬上去做。

大多數人沒辦法放下一切，遠行到非洲投入救援，不過我們可以盡棉薄之力，為那些不幸的人盡一臂之力（不只是捐贈物資）。現在的你或許沒有能力捐款，但可以提供創意、精神上的支持，或是電子郵件名單，設法讓更多人參與，這也是付出自我的一部分，說不定你還可以用這個藉口聯絡一些許久不見的老朋友。

當我知道一項有意義的慈善活動時，我會找出手上的名單打電話請他們幫忙（通常是捐款），如此一來我便能發揮較大的力量。意想不到的是，那些人很高興接到我的電話，他們也希望做出奉獻，因為能讓世界變得更加美好，可以帶給人好心情。

為他人付出時，你的大腦會分泌化學物質，有效降低憂鬱和焦慮，同時擴大我們的喜悅。我曾見過許多一毛不拔的人在獲悉他們讓素未謀面的人再度燃起希望後，露出喜悅的笑容。當你不如意或心情不好時，陌生人的一丁點幫助都可能對你的生活造成莫大改變。如果你有過這種經歷，必然明白我說的道理。

22 組一群人來支持你

大多數人都在橫渡世上未知的逆流，但只要一丁點的讚美與鼓勵，我們就能到達目標。

——NBA球星佛萊謝曼（Jerome Fleishman）

早在心理治療這門學問發展之前，支持團體（support group）便已存在。巫師會聚在一起，分享他們最新的器具，古老部落的女人彼此照料小孩，有必要時，族人亦會獲准向酋長尋求建議。

如果你沒有朋友、家人或同事可以在情感上支持你，那就加入一個支持團體或自己成立一個團體。事實上，自己建立一個支持團體可能比加入一個團體來得簡單。早已設立的團體多半會要求你調整自我去適應他們的信仰架構，有些人可能因而退怯。

況且，找到完全支持你的團體並不容易，所以，自己建立一個團體，就算不是很正式的，也能在生活和事業上給你很大的幫助。

我在另一本著作《情緒健康》（*Emotional Fitness at Work*），曾談到找一些人當你智囊團（Mastermind Group）的好處及魔力。這種聚會提供給那些知道自己不錯，並想要成就大事的人一個分享的空間。大多數人發現他們不需從頭做起，因為其他成員可能早已處理過類似問題，他們可以傳授無價的經驗及忠告。

我們還可以從支持團體得到情感上的協助。俗話說：「高處不勝寒」，如果你身為領導人，總不能趴在你的副手肩膀上大哭之後，還期望得到對方的尊重，可是你得把情緒宣洩出來。我們都會有崩潰的時候，有個地方可以發洩或只是發牢騷，事情就好辦多了。

我的朋友歐伯韋格（Brad Oberwger）是Sundria公司執行長，打從孩提時代就知道該自己組一個支持團體。他在華頓商學院和同學籌組了一個團體，直到現在還保持定期聯絡，他也參加了「青年企業家協會」（YEO）。

他認為這些團體是他保持頂尖的原因之一，即使遇到不景氣，他的公司仍在成長。他自己也成立一個支持團體，又加入一個已成立數十年的團體，他吸收到兩個團體的精華，並得到念二十年研究所也得不到的資訊。

所以，拿出你的通訊錄，找出跟你合得來的人，打電話給一些你想跟他們學習的人。他們或許也喜歡你的主意，跟你碰面，大家再決定以後是否要繼續聚會。我們由這類經驗所獲得的事業及情感支持，不僅可以建立信心，亦是創造個人與財富成就的重要途徑。

23 讓另一個人愛你

對於愛的渴求，比對於麵包的渴求更難以消除。

——德蕾莎修女

被自己欣賞的人所愛，是最能使一個人建立信心的事。

若你不曾有過一個充滿愛的家庭，要建立自信便更加困難。來自他人的關愛可能是一種魔法，能使你感動並相信自己是值得被愛的。當某個你欣賞的人將他的心給了你，會使你覺得受到珍惜，進而學會如何更愛自己。

我認識一些人，一直等到生命中那個重要的人出現了以後，才學會如何愛自己。有許多的支持團體，他們會對每一個成員付出關愛，直到他們學會如何愛自己。這也是幫助個人從憂鬱、失落和藥物上癮中恢復的方法之一。

有些人只愛自己，我們稱之為自戀者。當某人變得自戀，他的心裡可能就沒有多餘的空間來關心別人。而當他們自身的外貌、權力、魅力開始消逝時，便會覺得十分憂鬱和寂寞。

如果你總是只關心自己，忽略了那些和你最親近的人的需求和感受，那麼你最好在他們決定離開你之前改變你的表現，畢竟，對一個總是不回報的人持續付出關愛，很難。

對於曾經受到創傷或失去重要事物的人來說，相信自己是被愛的也許很困難，我相信，人的心裡面只有有限的空間，如果裡面都裝了傷害，就只剩比較少的空間來存放愛。

愛，可以將悲傷驅趕出我們的心裡，所以心中充滿愛，你不只可以感受到被別人關愛的美好，還能放下一些你長久以來的傷痛。

記得青蛙王子的故事嗎？我們都可以因為被愛，而成為有魅力和自信的人。

24 問問成功的陌生人

缺乏信心讓人們害怕迎接挑戰，而我相信自己。

——拳王阿里

大多數的成功人士都樂於分享他們的知識以及奮鬥史。當他們同意與你會面時，你最好先準備一些問題，這樣才可以掌握時間，也不會浪費對方的時間。單是這個準備過程便能建立自信，會面則是錦上添花而已。因為你所尊敬的人願意花時間跟你談話，一定會讓你的自我感覺更好。

但或許你最想請教的是不認識的人，你只是看過他的作品。其實，傑出人士比想像中更容易接近。我經常不費吹灰之力就聯絡上知名人士，而我本以為他們不會挪出時間與我見面。結果，我所討教的人士幾乎都會回信，我甚至跟其中一些人建立友誼

——這一切都是因為我鼓起勇氣寄出電子郵件或是親自打電話。

我知道，跟不認識的人講話有點可怕，但這不就是重點嗎？克服恐懼將為你打開另一扇大門，同時增強自信。等你們開始會談後，讓對方也問你幾個問題。一來一往會讓雙方的交談更加容易，一個問題往往會引來另一個問題，或許你會得到意料之外的一些答案。

我十分推薦閱讀名人自傳。班傑明．富蘭克林（Benjamin Franklin）和馬克吐溫，都以流暢的文字與幽默分享他們的自信（以及如何得到自信的方法）。股神華倫．巴菲特與潛能開發專家東尼．羅賓斯（Tony Robbins），也分享建立自信與成功人生的不同見解。

你只需要打一通電話、寫一封信或是選幾本好書。

25 爸爸一定讓你學到的幾件事

沒有人該知道所有的答案。

——彼得．查爾斯．葛史密斯（Peter Charles Goldsmith）

我的父親是第一個教我自信的人。他強調，人不可能無所不知。**身邊有人可以請教，會讓你更有自信**。因此，我決定整理一些我最欣賞作家的父親教誨。

- 「父親教我做個言而有信的人。他以身作則。雖然在成長當中我們有過很多次的衝突，但我總是聽他的，他一向信守承諾。他會說：『除非你打算履行，否則不要輕易承諾。』還有『男人的話就是合約。』」——史蒂芬．杜魯多博士（Stephen Trudeau）。

- 「父親臨終之際，要求他的看護朗讀我的第一本著作《神奇的第二視覺》（*Second Sight*）給他聽，那本書是在講述我的生平。先父在他人生的最後時刻想要聽到我的書的內容，讓我十分感動，並且體會到強烈的父女之愛。直到今日，我仍感受到他的慈愛。」——朱迪斯・歐洛芙博士（Judith Orloff，M.D.），《情感自由》（*Emotional Freedom*）作者。
- 「我的祖父在父親十二歲時因結核病過世。祖父沒有人壽保險，所以祖母和六名子女生活陷入困境。他們過了一段苦日子，多年之後，我聽到父親說：『我的父親在我十二歲時過世，是發生在我身上最好的事情之一。』我質問他怎麼可以說這種話，他回答：『我學會人生什麼事是重要的，以及有錢是為了讓人活得輕鬆一些。』」——柏尼・席格爾（Bernie Siegel），《生活處方》作者。
- 「父親教我承諾的價值。他對自己的職業、信仰和妻子——我的母親，極為忠貞。他從沒談到這些，但他以身作則，對我的一生有著極大的影響。我相信承諾是人生的接著劑，特別是在艱困時候。」——蓋瑞・巧門（Gary D. Chapman），《愛之語》（*The Five Love Languages*）作者。

- 「父親是我的榜樣：他教會我包容與替人著想，還有堅忍，最重要的是適應各種情況。他讓我準備好面對人生的複雜，我十分感激他。」——蘇珊．沙皮洛．巴拉許（Susan Shapiro Barash），《小老婆》（*Second Wives*）作者。
- 「我從父親身上學會，絕對不要相信一開口就說『老實跟你講』的人，還有，一個父親所能給予子女的最棒禮物，就是愛他們的母親。」——艾倫．翰彌頓醫師（Allan J. Hamilton, M.D.），《手術刀與靈魂》（*The Scalpel and the Soul*）一書作者。
- 「我的父親送給我的最珍貴禮物之一是，他證明了愛的形式，包括回饋世人，以及取得世俗的成功不一定要犧牲道德或正直。」——格魯德博士（David Gruder），《新智商》（*The New IQ*）一書作者。
- 「我的父親是我的榜樣，他教我要準備好全心為別人付出。有一天他在修我們家屋頂，碰巧遇到鄰居不小心身上著火。我的父親跳下屋頂，把鄰居撲倒，他在地上翻滾幾圈，火就滅了。過程中他沒有任何猶豫。」——柯胥納博士（Diana

Kirschner），《相愛九十天》（*Love in 90 Days*）作者。

- 「父親教會我『做決定』以及堅守承諾。他也教我要不時重新評估自己的決定，並且有勇氣承認應該調整方向。事情的難處在於堅持及履行，而不是做決定。絕對不要讓猶豫不決幫你做出決定。」——彼得・魏爾許（Peter Walsh），《減法的生活空間美學》（*It's All Too Much*）作者。

沒錯，我們有很多可以向父親學習的地方。就算你跟父親不和，他也教過你一兩件事。不論如何，那些教訓你永遠會銘記在心。

26 想想媽媽

有些母親慈愛親吻，有些母親嚴厲斥責，但她們的愛是一樣的，而多數的母親是恩威並施。

——美國作家賽珍珠（Pearl S. Buck）

我從母親的身上學到許多事情——包含我自己的母親以及其他我所認識的為人母者。她們的忠告成就了今日的我，我數不清曾經接到過多少通讀者電話或電子郵件，開場白都是「我媽媽寄給我你的專欄……」。以下是我們曾經從母親身上學到的幾件事情。

- 「一旦成為母親，便絕對無法只考慮自己。一名母親凡事皆須反覆思量，一為自己，一為孩子。」——巨星蘇菲亞・羅蘭（Sophia Loren）。

- 「母親是你第一個愛上的女性，永遠不要忘記這一點。她的撫育是愛的行動體現，無聲卻勝有聲。」——史蒂芬・波特（Stephan Poulter）博士，《母親的影響》（*The Mother Factor*）作者。
- 「媽媽的疼愛安撫總能使情況好轉。無論歲數多大，人們在身體不適時總會盼望媽媽的陪伴，以及她的雞湯與好言相慰。也請記住厄運不會永遠持續下去，媽媽總是說，明天會更好。」——瑪格莉特・葛史密斯（Margret Goldsmith）。
- 「我家的貓媽媽教會我一件事情，那就是不是每個人都值得磨蹭，有時候挑剔一些也沒關係，這可以讓你避免日後還得大咳毛球。」——派薇琪（Piewackett）。
- 「來到美國前，我的母親對我說：你可以每個小時跑上一百英里，然而假使你不能預先決定去向何方，便只會回到原點，哪裡也去不了。**沒有計畫的目標只能算是願望，而許願可能是非常浪費時間的。**」——法比歐・維維安（Fabio Viviani），行政主廚（實境秀「頂尖主廚大對決」（Top Chef）最受觀眾喜愛的廚師）。

- 「遇上諸事不順的時候，休息幾個小時，帶著女兒或女朋友去看部浪漫愛情喜劇，絕對可以為你消除一些煩惱。」——前加拿大第一夫人瑪莉．杜魯道（Mary Trudeau）。
- 「我們並不僅是芸芸眾生，我們的誕生是為了某個目的，為了美好的事情：為了愛人與被愛。」——德蕾莎修女。
- 「倘若你懷疑自己能否達成某件事，那麼你自然難以辦到。你必須相信自己的能力，並以足夠的堅毅加以貫徹到底。」——羅莎琳．卡特（Rosalynn Carter）。

母親與我們之間相互付出，是人生中循環不息的歷程。無論如何，與母親建立一段親愛關係永不嫌遲。要是你們已經多年不相往來呢？別忘了，她終究還是你的母親，讓她知道你也還是她的孩子吧！

27 支持別人，也接受支持

付出你的財產是微不足道的，當你付出自我時，那才是真正的給予。

——卡里．紀伯倫（Kahlil Gibran），《先知》（*The Prophet*）

當你的同事、朋友，或是所愛的人心情惡劣時，你所能給予的情感支持，有著比百憂解更好的療效。當生活讓人灰頭土臉時，某個關心你、尊敬你的人給予你情感支持及鼓勵話語，會讓你的感受有天壤之別。

假使你難以給別人或接受別人這類的支持，代表你的心態必須做一些調整，因為這投射出你對於這個世界的不信任感，或是對於不公批評的焦慮。

我們總會不時將他人推開——這是一種人性。請誠實評估你對於吸收正面能量，以及如何排除負面情緒的能力（或是無能為力）。

有某人在旁會讓一切事情有所改善，這會使你的身心流過一股寧靜，紓解痛苦。而當感覺好些了之後，你就能更清楚的思考如何妥善因應局勢。

注意，這個世界並不公平，我們某些時候都會需要有個啦啦隊（彩球就隨各人所需了）。在某人有需要時支持他，是你所能給予這個人的一份禮物，也會為你帶來各式各樣的回報。

「我明白你很煩惱，不過我們可以一起（或是合作）解決問題」，或者是「你過去總是能夠度過難關，這次一定也可以。」說些諸如此類的話，可以給予對方一份極其需要的鼓勵。其實，**多數人都會處理自己的情緒，我們只要單純的給予支持就好。**

28 當你啟發別人時，記住那一刻

千里之行，始於足下。——老子

當我們想到能夠啟發他人的精神導師時，以下這些人多半會浮現在我們腦海：耶穌基督、釋迦牟尼佛，以及摩西等；或許還有華倫・巴菲特（Warren Buffet）、李・艾科卡（Lee Iacocca）以及比爾・蓋茲（Bill Gates）等商界指標人物；還有人會說是貓王、披頭四、以及奧茲・奧斯朋（Ozzie Osborne，重金屬音樂教父）（好吧，或許他不算）等藝術家。

好消息是，你並不需要成為一名大師（或是死後）才能啟發別人，還有個更好的消息是，啟發者也分成許多不同的類型。你不需要把自己拿來與宗教領袖或是聲嘶力竭的搖滾樂手相互比較。

有人在旁分憂解勞可令我們感到更加安心，每個人都可以做到。我總是認為，「GURU」（大師、導師）這個字的意思就是「Gee-You-Are-You」（你就是你啊！）。

29 找些人建立親密關係

在一生中，某些時刻我們的內在熱情可能會冷卻熄滅。此時與另一個人的相遇，可能會令我們的熱情突然燃燒起來。我們應感謝那些再度點燃我們內在靈魂的人。

——史懷哲

許多人都有寂寞的理由。或許他們與所愛的人分隔兩地，或者他們的家人離開了人世。有少數人則是自行選擇與世隔絕，以找尋內在的平靜。凡是遭受此類孤寂的人，其自信心皆會出現根本的動搖。

有些人會因為受到虐待或忽視而脫離原生家庭，這是一種自我保護，也是生存的必要手段，不過這終究相當的艱難且寂寞。如果命運曾迫使你遠離親人，請振作起來。你不是孤獨的，無論這些狀況是自然發生抑或是出於選擇，挽救方式均是一樣的：自己建立一個家庭或結交朋友。擁有一群親密且友愛的朋友支持你、陪伴你，是一種福氣。

或許你曾聽過，結婚的人比單身者壽命更長。確實如此，研究結果顯示，獨居者會比與人同居者早死，中間的關鍵並不是結婚與否，而是與其他人建立親密關係。**與其他人在一起，可以讓你獲得一項很重要的事情：肯定**。

結交新朋友會讓我們的心智以新的方式感受與思考，有助於延年益壽，避免得到阿茲海默症。因為我們必須為新的關係去吸收新的資訊、加以處理，並試圖取得心中想要的成果。

交朋友其實很容易，你可以分享自己對於電影、書籍以及新聞的想法與意見，或是一同體驗某間新餐廳。請記住，若想要結交朋友，你必須成為一名朋友。

30 讓別人來補足你的缺點

我發現一件矛盾的事：如果我不斷愛人直到受傷，那麼就不會再有傷痛，只會有更多的愛。

——德蕾莎修女

我的朋友丹．馬德斯（Dan Maddux）的願景，是在拉斯維加斯興建一座占地三萬平方英尺的會議設施，名為「MEET」。儘管遭逢金融海嘯打擊，丹的第一位合資人無法再繼續投資，他仍不願讓這個計畫中斷。丹和他的團隊保持鎮靜，然後找到另一名相信他的願景和計畫的銀行家。

丹告訴我說：「景氣好時，大家都賺錢。但在不景氣時找到繼續下去的力量並不容易。剛開始，我自己也曾動搖過，但我由以往許多不利的情況學到教訓，我不希望再重蹈覆轍。我把它當成一項學習。」

我問他怎麼會在別人都在裁員時，還認為有企業會籌辦大型會議，他的回答很經典：「真正的買家還是有的，就在那裡，這時沒有看熱鬧的人，參觀人數少反而讓展覽辦得更好，因為商家有時間鎖定他們的最佳客戶和最可能談成的合約。我們的利基在於與眾不同，當很多地方流失生意時，我們照常營業，儘管媒體一直唱衰賭城。」與其他競爭者比較之下，拉斯維加斯將會最快復甦。

保持清醒，不讓恐懼沖昏頭，是丹成功的重要因素。他也把眼光放在未來。他記起自己初入職場時，沒有信心，但確實有能力，所以他專注在他擅長的事。他不理會自己缺乏的或者別人擅長的，而是對自己說：「哇，我既不醜也不笨（童年時別人罵的話）。」他明白自己必須加倍努力，才能讓別人注意到他的優點，於是他不再想把每件事都做到最好，反之，他決定雇用具有他所缺乏的才華的人。

「找到具有我所缺乏的才華的人，反而讓我更有實力，」丹表示。丹在面試人才時不是花上一小時，而是三小時，因為他認為大家都可以假裝一個小時，但要看清他們的真面目就要花兩個小時以上。「跟對的人在一起，可以成就大事，」丹表示。「如果我們找到態度不佳、沒有創意或者企圖不良的人，可能毀掉我們的生意，所以只跟志同道合、可以協助人們了解我們想法及企業文化的人合作。」

丹建議：「你的層級愈高，就有越多人注意你，所以你要好好表現，才不會造成別人的誤會。當你在討論令人不安的話題時，最好面帶微笑，因為別人總會注意到。人們總愛看別人出糗，我希望無論何時，人們看到我們都是一支能幹的團隊。」

如果你真的想要了解一個人，不要在大庭廣眾之下批判他們，要在沒有人注意時。這時你才會看到他們的真面目，才能深入討論重要的事，讓你真正了解他們。

第三章

自信是態度，怎麼改全由你

31 計畫都該修正，不該放棄

當你行經地獄時——只管向前走。

——前英國首相邱吉爾（Winston Churchill）

你做了美好的計畫，甚至早早上床，好讓自己第二天精神飽滿，結果天卻不從人願。半夜時你突然想起某件事而心煩意亂，或者一大清早就接到意外電話，計畫生變了，美好事物就此泡湯。

當意外發生時，我們通常會焦慮，有時甚至會情緒失控。這都是人之常情，問題在於有些人會連自信也開始動搖，他們可能會改變計畫（或者迷途），找不到原路。

此時你一定要保持專注，繼續前進：不要因為變化而擱下計畫，要先做好原本要做的事。不管當前的環境如何（很可能只是暫時性的），假如你可以坐下來專注的完成目標，就能建立自信，不會節節敗退。

如果你在壓力下，還能把工作做好，以後你就會明白，不論發生什麼事，都不會胡思亂想或給自己找藉口。把該做的事做好，你就會對自己感到無比驕傲。然後，就能專心解決造成混亂的原因。

光是情緒失控，忘記原先計畫要做的事，對你毫無幫助。如果身邊的人看到你在天下大亂之際還能鎮定的完成工作，大家都會對你更有信心。

相信我，只要勇敢往前走，你絕對有能力完成任務，那只是時間問題。

32 從練習做小決定開始

沒有自信，就不會成功或快樂。

——《積極思考的力量》作者皮爾博士

瑪西．許莫夫（Marci Shimoff）是紐約時報暢銷書《快樂，不用理由》（*Happy for No Reason*）的作者，並在電影《祕密情事》（The Secret）一片中客串教師。我曾問過她自信與快樂之間有何關連，兩者如何幫助我們創造美滿的人生？

她的回答是：「我對快樂的定義是：不論外在環境如何，內心都能保持平靜與滿足。所以我才會說『快樂，不用理由』。當我們感受到快樂，就會有很高的自信，因為我們相信自己，明白不論身處何種環境，都有自己的價值。」

培養內心的幸福感，可以創造你人生中各個領域的信心。

你或許對人生中的某個層面有信心（覺得自己很聰明），但在其他方面沒自信（覺得自己外表很醜），這只能算是「有條件的自信」（conditional confidence），這樣你不會真正快樂。

瑪西把建立自信的過程比喻為健身，你需要**定期訓練，養成習慣去做可以讓你感受內心平靜和快樂的事情**。瑪西亦認為，「從小事開始相信自己，就能引導你創造人生最大的成就與快樂。」

很多人不願意相信自己，因此習慣向外找尋答案。其實，最好的訓練方法是先由小小的決定開始做起，聽從自己內心的指引。每成功一次，都幫你增強一次信心。

瑪西為此寫書鼓勵數百萬的讀者，去探究自己的內心，讓他人不但找到了快樂，同時也得到更強的信心，更加享受人生。像她一樣從完成小事開始，從今以後，你也可以活得快樂而且有自信。

33 天生我才必有用，總有一項比人強

只要相信自己，你便會知道如何生存。

——德國作家歌德（Johann Wolfgang Von Goethe）

現代人已廣泛接受多元智商的事實，不再惟ＩＱ（智力商數）是從。老闆、老師在評估員工和學生的才智能力時，也會檢視ＥＱ（情緒智商）與ＣＱ（創意智商），以及其他某些智能。

我以前並不是班上的資優生，我的好朋友范海德是位醫師也是位法學博士（沒錯，醫師兼律師），他的妻子南西擁有兩個心理學博士學位，並且擔任洛杉磯當代精神分析學院（Los Angeles Psychoanalytic Institute of Contemporary Psychoanalysis）的院長（這才叫作人外有人），他們都比我更優秀。儘管他們倆在智力測驗上可以痛宰

我一頓，我們卻都同意，我的創意比他們更勝一籌——而又有誰會和他們這樣聰明的人爭辯呢？

將這件趣事與各位分享，是希望讓你知道，我們之中只有極少數人能夠成為醫師及律師，更別提同時身兼二職了。也許你不是班上最聰明的學生，但並不代表你無法成為職場上最有創意的人。

一直拿自己與某個考試分數很高、或是學歷更好的人相比較，只會讓自己的人生更加痛苦。如何開創人生道路？你有自信嗎？這些問題不會在學術水準測驗考試（SAT）裡出現，不過，你的答案卻可忠實呈現出你在人生這場競賽中的得分。

其實，你早已擁有人生所需一切的聰明與智慧，但假使你從不相信自己，那麼你所擁有的天賦才能也會失效。不要讓錯誤的想法阻擋你向前邁進。

34 讓人覺得你可靠

人生中只有兩件事躲不掉：繳稅及死亡。

——幽默大師馬克．吐溫（Mark Twain）

在這個世界，想要凡事但憑一己之力並非不可能——但這會浪費你許許多多時間。有所依靠可以讓你的生活更加輕鬆，你得明白，人生無須獨自完成一切的工作。

如果在朋友眼中，你是個可靠的人，你將會對自己更有信心，因為你會開始享受「信任」這股能量，這股能量會慢慢注入你的腦中，讓你對自己、手中的任務、所幫助的對象，或是那些正在協助你的人，產生更美好的感覺。當一群人能夠為某項計畫而一起順利共事時，自然會發展出一種團隊精神，然後所有的人都能感受到這個美好氛圍。

在成長過程中，我們很討厭遇到沒有責任感、丟三落四的人，讓大家知道你是個能夠依靠的人，將有助於你攀上成功之階。

35 需要？想要？分清楚

需要為發明之母。——無名氏

為了做出正確決定，你得學會區別「想要」與「需要」的差別。其中一個最簡單的方式，就是思考「飢餓」與「嘴饞」之間的區別。當你感覺飢餓時，你的身體已耗盡卡路里與能量，希望馬上進食，因此你的胃會對大腦發出訊息說：「餵我！」然而，嘴饞是因為食物看起來或聞起來相當美味而產生欲望。此時你並不飢餓，也不需要馬上進食，卻對誘人的香味感到渴望，因為想像中的滋味讓你垂涎不已。

現在，我們對於「想要」與「需要」的差別已經有了基本認識，那麼這跟你的人生有什麼關係？

首先請進行「人生的需要與想要分類」，這有助於判斷什麼事情是你真的需要，其他只是想要，然後將你的「想要」放到適當的位置。將你認為非常需要的事物列出一份清單，並誠實的面對自己。這真的是你所需要的嗎？抑或只是「想要」而已？

你會發現，絕大多數你所以為的「需要」，其實都只是「想要」而已，你的人生早已擁有九九％你所需要的事物了。當你心裡明白，自己的需要已經被滿足了，就是建立信心的來源。

此外，你曾經被人需要過嗎？被「需要」是一個人原動力與建立信心的重要來源。如果你在被別人需要時可付出一己之力，就會對自己有更好的感覺。

36 來一場「自己的冒險」

我們需要更多擅長不可能之事的人。

——美國詩人及教育家西爾多．羅特克（Theodore Roethke）

二〇〇九年七月十六日，十七歲的柴克．桑德藍（Zac Sunderland）完成了他的十三個月的旅程，成為當時世界上最年輕的單人環繞地球航行者。他是以一艘三十六英尺大小的船來進行航程，更特別的是，他以自己賺來的六千美元獨力買下這艘船。

我曾親自聽柴克講述他的冒險壯舉，地點是在我們老家的維斯萊克遊艇俱樂部（Westlake Yacht Club），該場活動是由美國帆船協會（American Sailing Association）所贊助。這位年輕人所展露出來的沉著自信，遠遠超過他的年齡。

在這麼長的一段時間獨處（在澳洲國家海巡隊協助下）、經歷三十英尺巨浪的狂風暴雨，以及食用難以下嚥的罐頭及冷凍乾燥食品後，他依然順利生還，讓人產生一種感覺：他的未來將無所不能。

沿途中他停靠約十四個港口。柴克對於異國人群的印象是，這些人似乎比美國人更加悠閒、放鬆。柴克也成立了一個部落格，有許多人透過網路關注他的旅程。當他抵達南加州的馬里納戴爾雷（Marina del Rey）時，現場共有約一千五百名粉絲、一百艘船隻、七十五位媒體人員、三架直升機、以及一場「吉米夜現場」（Jimmy Kimmel Live！，吉米是美國知名脫口秀主持人）的訪問。

儘管媒體熱潮有些令人措手不及，他卻能應對自如。史上曾獨力環繞地球航行的人不超過二百五十人，躋身其中之一是多麼不可思議的事情，更別提他還是這群令人如此尊敬的英勇典範中，最年輕的一員。

有人問他勇氣從何而來，這有很大一部分來自柴克的父母。他們從一開始便對柴克展現支持，使他擁有達到這項艱難無比旅程的勇氣與力量。柴克的母親瑪麗安說過：「柴克是名優秀的水手，也很勇敢。我們知道他能夠辦到這件事。」他的雙親很高興他最終能夠安全回家，而所有人都很好奇接下來他要做些什麼。

柴克說：「我還要選修三門課才能夠完成高中學業，現在我只想和朋友們一起出去玩。」看來，他仍像個十七歲的男孩。

在柴克完成冒險壯舉約六週後，更年輕的英國水手波罕（Mike Perham）也完成了其單人環球航行，不過，柴克仍是史上第一位十八歲以下，成功抵達終點的紀錄保持者。

沒有人確定柴克接下來會做些什麼，不過他心向冒險，也已經有了著手下一個偉大目標的信心，無論那個目標是什麼。

你人生的下一趟冒險又是什麼呢？

37 時間要用在想機會，不是想失敗

我們都需要把宇宙視為友善的。——愛因斯坦

我知道人生有時並不輕鬆或公平，但其實老天並沒有懲罰我們，而是我們自己整自己。單是生活在恐懼當中，便會扼殺你的信心和創造力。我們都曾經歷人生的風浪，但這不代表人生是一場災難。

事情總會否極泰來。經濟衰退總會結束，人總會找到新工作和新感情——日子會繼續過下去，只要你能多一點信心與積極態度面對人生。我總**把人生看成一個有限的機會之窗，不能花太多時間耽溺於失敗的事**。相反的，我向愛因斯坦看齊：我認為宇宙一定站在我這邊。如果有事情不如意，我相信只需要換個方向看就好了。

雖然我們無法完全理解為何有些事情就是無法順利，但只要努力，總會讓你在其

他方面帶來一些好事。相信世界是友善的，對你一定有好處，也會更有自信。

38 你可以這樣召喚直覺

身體從不說謊。

——世紀舞蹈家瑪莎．葛蘭姆（Martha Graham）

科學家發現，人都擁有「身體的感覺」或簡稱為「身體的直覺」。直覺並不是指什麼選中樂透號碼之類的事，而是你願意傾聽身體所發出的訊息，並幫助你解決各種問題，比如壓力或焦慮。

如果你懷疑直覺的存在，那麼就仔細想想：是否有好幾次，你突然有一些想法，卻沒有照著做，過不久便後悔了。事實上，身體和心懂得一樣多，甚至在某些情況下，懂得更多。祕訣就是學著如何傾聽身體裡重要的訊息，而第一步就是要相信直覺是真的。

善用直覺，能幫助你想出一些新點子，或找到一些問題的答案。運用直覺時必須放鬆，並了解自己現在的感受，而不是被情緒牽著走。

先來個深呼吸，閉上雙眼，集中精神，並專注於呼吸，你會發現自己不由自主的開始想事情。這聽起來很簡單，而它的確很簡單。如果一開始做不到，不要覺得挫敗，對自己有耐心一點，多多嘗試。我們都有直覺，重點是要能運用它。

很多藝術家、作家、音樂家都是靠直覺來創作，父母用直覺來保護孩子的安全，甚至有許多人每天都依靠直覺來做決定。相信直覺，它是一個很棒的工具，能使你的生活和人際關係進行得更好。

39 競爭，是好事，也能壞事

正如鐵會鏽蝕，嫉妒之人也會因嫉妒之心而損耗。

——蘇格拉底的門徒安提西尼（Antisthenes）

競爭與好勝心有助於我們的人生積極進取，但有些時候也可能會適得其反，讓我們失去畢生至交的朋友。你若能認識以下這些迥然不同、且可能有害的心理狀態，那麼當令人不快的情形來臨時，便能擁有所需要的信心，加以因應。

小小競爭是好的。我們從很小的時候就學會要競爭。無論是希望獲得關注、得到比較大塊的蛋糕或是自己的寶貝玩具，我們都知道先搶通常就代表先贏。而贏得一場比賽或是拿到好成績，也會讓人感覺愉快。這個態度並非不好，只是當競爭導致憤怒或試圖報復時，事情可能會變得相當醜陋。我們必須教會子女一件事情，那就是：小小的競爭是有益的，不過公平比獲勝來得更重要。

敵對是不好的。敵對是一種帶有敵意衝突的競爭。朋友可以成為對手，不過那通常不會是一場「友好的競爭」。敵對競爭的其中一方或雙方都會有種欲望，想要將對方擊倒、贏回獎項——之後再重新當朋友（但除非贏的人是我）。這類情形不是不可能發生，但你們之間可能會因競爭而失去真正的友誼。

羨慕是好的。最能形容這種感覺的說法就是，「我想要你所擁有的東西。」這代表羨慕的人並非不希望其他人成功，只是他們自己也想要獲得成功罷了。羨慕確實可以激發我們達到新的目標。舉例來說，假設你從來不知道世界上有普立茲獎（Pulitzer Prize）的存在，那麼你也不可能會得到這個獎項。

嫉妒是不好的。美國作家戈爾．維達爾（Gore Vidal）曾說過：「單是我贏是不夠的，你還得輸。」一語道出了人類最具毀滅性情感的本質。嫉妒心讓我們認為現有一切並不足以分配，是以其他人必須放棄，或者必須消失。嫉妒所挑起的焦慮與憤怒具有破壞性，因此請加倍謹慎注意自己或是周遭的人，內心是否正浮現這種心態。

有人說，當你察覺到問題的存在，就已經成功了一半。而當人們做出不恰當的反應時，以智慧來處理這些狀況，可讓你的自信晉升到一個全新的階段。

40 重點不是錢，是快樂

青春不是一種會改變的狀態，其中訣竅是在於只要成長，不要變老。

——建築大師法蘭克．洛伊．萊特（Frank Lloyd Wright）

每次欣賞完一場好的音樂會或音樂劇後，接下來的一週我都會情緒高昂。有些表演確實是精采出色，然而即便是那些並未令我拍案叫絕的演出，多半也是一段愉快的體驗，可以使我對自己、對人生都感覺美好。

我常去看表演，有很棒的位置、能夠排出時間、買得起門票，而且只要交通順利，讓自己喜樂愉悅，就是我的快樂。或許你對於完美的一天、一夜的想法跟我不同，這也是正常的，不過重點並不在於你做了些什麼，而在於你擁有去做的決心。

我們經常以要花錢、花時間以及有壓力等藉口，來逃避自己想做的某些事，這種思維令我們甚至不敢嘗試。好吧，假使你從來不去做喜歡的事，那麼，人生還有什麼意義呢？

有些人可能會因健康問題無法追求快樂，然而我發現許多長期與病痛為伍或甚至身患絕症者，都會因為自己能夠從事一些興趣嗜好而感到開心，即便只是幾分鐘的時間而已。

我每天都提醒自己，人生是一扇有限的窗戶，至少該嘗試一下其中某部分美好事物，而非只是旁觀別人。

投入你喜歡的娛樂可建立自信。從事所喜愛的活動可以讓你身上的每一根神經都引吭高歌，且通常在結束之後，你不僅還會想再來一次，更會想把這件事做得更好。一旦你深入其中，往往就很難自拔了。

能夠按照這種方法開創人生的人，會是最有自信的人。這些人打造出一種令絕大多數人只能讚嘆豔羨的生活模式；**重點不在於金錢，而在於快樂，而在擁有快樂的同時，你必然會對自己更加滿意。**

從心理學的角度來說，從事自己的興趣會讓人感覺更加強大，此一正面積極的感受會讓大腦產生如多巴胺（dopamine）之類的化學物質，使你對自己感到滿意，而這也是追求目標，甚至是尋找愛情必備的要素。

無論是群眾的活力、山頂的風景，或者是因為創作出某項藝術品而獲得的成就感，投入興趣可以提升自信。誰能想到只是開心玩樂，也會對自身有益呢？

41「憑感覺」的人，內力雄厚

我們自信於自己的力量，卻不自誇；我們尊敬他人的力量，卻不畏懼。

——美國總統湯瑪士·傑佛遜（Thomas Jefferson）

每個人身上的不同部位皆有其力量，要是我們能夠專注的傳送這些力量，不是很棒的一件事嗎？想像一下，你在抬起一張沙發時，能夠將所有的腦力都貫注在該施力的肌肉中，或是能將堅毅的情緒轉化為解決問題的技巧，這樣你會變得所向無敵，而這也正是那些成功者的做法。你和他們唯一不同之處在於，他們知道如何取用、引導自己的力量。好消息是，你也可以學會此一技巧。

成功者在需要時會召喚內在的力量，第一件事就是相信自己能夠做到這件事，他們多半已經事先預做排演、磨練過自己的技巧，想出一個解答或方案，擺脫困境。

那些表面上看起來似乎是憑感覺碰運氣的人，其實投入大量時間提升自我能力。**他們看來之所以毫不費力，是因為他們練習過很多次。**

跟自己說：我曾經度過更糟的狀況，所以也能度過眼前所面臨的挑戰，這會給予你更多貯備力量。曾經克服過更大問題的經驗，非常有助於建立信心，即便目前的難題完全是在意料或平常習慣之外。

你的內在力量就像是一件總是帶在身上的工具，請把它想像成是一把在你心裡的瑞士刀：只需要把手伸進去將它取出來。某些時候，當人處於壓力狀態時，很容易會**忘記運用自己的內在資源**，而此時，才是我們最需要這些資源的時刻。

42 你還不夠好，但你得先喜歡自己

相信自己！對自己的能力有信心！如果你缺乏一股謙遜卻合理的信心，就無法獲得成功或快樂。

——《積極思考的力量》作者皮爾博士

有時，我們對待自己比對待別人都要來的更加嚴苛。你應該讓自己放鬆一下，不要落入自我貶抑的牢籠。

當你自己都不愛自己時，自信也無法茁壯，因為總是會有個理由讓我們覺得自己不配擁有任何的愛——無論是發自內心、來自另一個人，甚至是來自上帝。如此作繭自縛的人會過著非常辛苦的生活，感情關係也是如此。即便你認為目前自己的狀況很糟，還是有一些方法可以讓你開始愛自己、強化自信。

如果你老是給予自己負面評價，那麼你也聽不進去旁人向你提出的任何導正建言，你會認為「這沒用的啦！」所以，請停止各種會導致你不喜歡、或是無法愛護自己的行為，這就像是替車子換新輪胎一樣，首先你必須先找出是哪一個輪胎有問題？它是真的沒氣了，或只是有點漏氣？一旦你能夠發現並承認問題所在，那麼所需要做的，就是確保自己擁有修復的力量與工具。看一看車廂裡面，確定一下備用輪胎是否完好，你有沒有千斤頂和十字扳手等工具。

擁有這些基本工具後，你不僅可以學會如何愛護自己，也會發現，身邊的人更加愛你。

43 欲望能成王、也能敗寇

我每日起床後，都會看一遍《富比世》美國富豪榜名單。如果我不在榜上，我就去工作。

——美國音樂家羅伯特．鄂伯（Robert Orb）

欲望是人類最強大的動力來源之一，無論你想要達成的欲望是某個地方、某種地位，或是某樣東西，如果太過渴望某樣事物，會促使你做出某種違背價值觀的舉動。

貪求某個遙不可及的對象，只會為自己或另一個人帶來痛苦。如果你已經擁有一段感情，卻又對身旁伴侶以外的人產生不該有的想法，在這種時刻，你只會注意到身旁伴侶的討厭之處，卻對渴望的對象產生過於美好的想像。請記住，無論你與第三者一同經歷過多少個美好「剎那」，你永遠不知道和他一起生活會是什麼樣子。

假使你所想要得到的事物超出了財力範圍，舉債借貸（尤其以現在的經濟形勢而言）也是最不明智的方法，內心的空虛絕對無法因金錢得到滿足。如果你已入不敷出，那麼請好好的檢視一下自己的消費行為，剪掉幾張信用卡、刪除幾個電視購物頻道，都是些好方法。

多數人都想要讓自己的人生向前或向上邁進，但不惜任何代價所換得的成就，可能會令人在情感上付出昂貴的代價，並使得那些曾經支持你的人跟你漸行漸遠。

欲望若是適當運用，有助於取得心中想要的事物。

44 知道格調是什麼

格調是自信的光環，是胸有定見卻不妄自尊大。格調與金錢毫不相干。有格調者從不膽小如鼠。格調是一種自知之明及自我修養。格調是你證明自己能夠迎接人生後，隨之而生的踏實穩健。

——作家安．蘭德（Ann Landers）

我曾在一場集會活動上認識演員馬丁．辛（Martin Sheen），那是一場為了支持當地某個無家可歸者援助機構而舉辦的活動。當有人將我介紹給馬丁．辛時，他伸手並說道：「嗨，我是馬丁．辛。」那時我的腦中馬上浮現，他沒有因為自己是當時收視冠軍影集「白宮風雲」（The West Wing）裡的主角，便預設我應該認識他，這是多麼有格調的一件事情。

這個世界上只有兩種人：有格調的人，以及沒格調的人。有格調者虛懷若谷、仁慈寬厚。他們渾身散發出自信與溫暖的光環。沒有格調的人則是我們都曾經遇過或聽說過的標準混蛋。**如果說自信能為你帶來些什麼，那就是格調了吧。**

45 改變主意又何妨？只有自尊受傷

假使無法得到你所想要的一切事物，請想一想那些你並不想要、也未曾發生在你身上的事情。

——愛爾蘭劇作家王爾德（Oscar Wilde）

誰說改變主意是不好的事？即便是極有自信的人，也會在做出自己認為的明智抉擇後，又隨即改變主意。這並不是神經質，是很正常的事。

重新思考某個決定（或許是一次小採買或是一項大型商業交易案），可能會令許多人開始懷疑自己。

從理財的角度而言，有人會將這種心情稱為「買方反悔」（buyer's remorse）。我們都曾經在做出數目可觀的購買行為後，才懷疑自己的行為是否正確——我們會思考購得物件與價錢的對比關係，檢視自己的收入與經濟狀況，然後，「我有買在最划算的價錢嗎？」的盤算便會湧入我們混亂不已的思緒。購買新屋、貸款融資，或是添購諸如汽車或度假行程之類的高價物品，可能會令你心痛，以至於無論這個假期或物品（新車、新屋，或是新的寬螢幕電視）有多麼美好，你都無法好好享受。

但是，沒有人能夠永遠做出正確決定，若你慣於認為自己的選擇總是正確無誤，那麼犯錯或改變主意將會讓你更加的不安。其實，即便是最大規模的交易或決策，多數都有反悔的權利。（你所購買的物品多半可以退回，除了整型手術之外。）

決策後反悔的風險在於，即便你並未損失任何金錢，也有可能損失面子或生意合約，又或者在最糟的情況下，你可能損失一個朋友。不過比起損失自尊，其他的損失其實都很容易彌補。你唯一要學會的是，若發現有某件事令人感到不對勁時，你擁有可以從任何交易中脫身離開的自由，這會給予你一份堅持自我信念的力量。

附帶一提，請不要在週五做出任何重大決策，因為一整個週末你都會不斷的反覆思索做對還是做錯。

當某件事情令你感到不對勁，而你也勇敢改變主意時，這會帶來力量，讓你在下一回合的決策中更有自信。唯有當交易的雙方均同意其可促進彼此的最佳利益，這項交易才不容反悔。假設有人認為自己被占了便宜或是被迫同意，那麼雙方都不會真正快樂。

46 一開始就要完美，會寸步難行

要有某些缺陷才能顯出完美。如果老朋友沒有一些怪癖的話，就有些奇怪了。

——德國作家歌德

有人問我如何寫作時，我都會告訴他們，只要在紙上寫出東西來就好了。這樣說可能有些抽象，但重點就在於，你只要把想到的東西寫下來就好。白紙黑字寫下來，會給你思考的新方向，並且讓自己感覺好像完成了某件事。能寫滿一整頁的字，是很棒的增強信心法。

我開始寫作時，並不要求完美，只想把它寫完。我寫得不是章章精彩，可是我可以日後慢慢修改，這就是寫作的奧妙之處。重點是，你要不斷的寫。俗語說鐵杵磨成繡花針，我就是這樣，你也可以。差別在於我不擔心寫出來的東西長什麼樣子，反正以後可以修改。

我的寫作生涯開始於每個月一篇的專欄，接著就是另外一個每週一次的專欄。剛開始我擔心寫不來兩個專欄，但過了一陣子以後，寫專欄變成我的例行工作。於是，我著手準備出第一本書。這有點難度，可是我把這份工作安插到我的日常行程中，現在我反而很期待我的「寫作時間」。這本書就是我用這個方法寫出來的。

一開始便要求完美，會讓你寸步難行。

想要進展順利的話，最好是擬定一個框架或是大綱以及某種時程表。盡可能照表操課，不要急於在第一次就把每件事搞定。只要確定你有足夠時間，能在必要時修飾作品。有的人天資聰穎，一開始嘗試就做得很好。假如你不是這樣也沒關係，只要記得多加練習，你就會越做越好。

請別誤會，我也想要完美，但不是在第一次就要求完美。追求完美會阻礙創意。全心全意投入計畫，你一定會得到高品質的成果，也會引以為傲。

第四章

情緒管理——哭完笑完更有自信

47 急躁和只會等待的人，不會有自信

如果你有信心，就會有耐心。信心是一切的根源。

——男網名將伊利耶．納斯塔塞（Ilie Nastase）

如果你沒有在第一次就達到目標，千萬不要將它當作失敗。下次一定可以表現得更好。**建立自信的方法之一就是，相信無論發生什麼，你都會在經驗中成長。**

多數人相當沒有耐心，請想像如果愛迪生在失敗了數千次之後就放棄發明電燈，我們今天的生活會變成什麼樣子。愛迪生有許多想法，也很有耐心去實踐，當他被問起那些沒有成功的想法時，他回答：「我並不是失敗了一萬次，而是我發現那一萬種方法都是行不通的。」

這兩件事的確是一體兩面：耐心來自於面對問題時，相信自己能找出解答，或

是信任自己有足夠的能力可以找到答案。這就是自信的基本元素。

什麼也不做、光守株待兔是等不到自信的。要去嘗試、實行所有的想法，看其中有哪些會成功，然後花時間來修改計畫。對多數人來說，「實踐」是比想法還困難的部分。

你可以強迫自己在某些事情上花更多時間，也可以回想自己怎麼對待親近的人。如果你對身邊的人沒有耐心，很可能你也是這麼對待自己的，記住，羅馬不是一天造成的，任何事物都值得花時間投入。

耐心是種美德，同時也是自信的必要成分。

48 害怕？絕對是好事

勇氣是抵抗恐懼、駕馭恐懼，而非無所畏懼。除非對方是個懦夫，否則稱其勇敢並不是一種讚美。

——幽默大師馬克．吐溫（Mark Twain）

克服某件令你害怕的事，可以使你更強壯、更獨立。學著擁抱恐懼，你便能發展出一套更有效的方式來克服恐懼。

你當然不需要攀登聖母峰，或是從飛機上一躍而下，才能學習克服恐懼，只要學會處理日常生活的壓力與煩惱，就可以建立自信。

我有位朋友是個成功的醫師，他曾說自己每天都擔驚受怕，而他卻欣然接受自己的這個性格，因為這種恐懼可以讓他成為一名更好的醫生：因為他會更加謹慎，不讓病患冒不必要的風險。恐懼驅使他做到最好，也讓他成為一位更有自信的醫師。

對大多數人來說，恐懼的存在，可以確保自身的安全，不會踏出懸崖或是去撫摸老虎，除此以外，恐懼還有更多的作用。恐懼會讓我們反省，去面對自己需要調整的地方，從而擁有完成手邊任務的力量。

承認自己對公開演講感到恐懼（這是多數人最普遍的一項恐懼），可以讓你卸下虛偽做作的心防，並樂於對此進行改善。據我所知，**每個勇敢承認自己弱點的人都會變得更好、更有自信**。無論是什麼樣的事物讓你畏懼不已，正面迎擊恐懼，才是你戰勝盤踞心中魔鬼的方法。

49 健身，情緒才會正常運作

自尊心會擴散到你生活裡的各個層面。

——《鐵腕校長》主人翁喬．克拉克（Joe Clark）

運動、睡眠充足以及注意飲食，可以讓你保持健康，維持充沛能量。當你的身體處於空轉狀態時，恐怕很難對自己有好的感覺。

很多人從來都不保養自己，如果你從來都不維修這台機器（就是你的身體），就難以成就你的夢想與渴望。

只要把身體照顧好，就越來越容易正向思考，理由很簡單，因為物以類聚，感覺良好會讓好事降臨。當你疲倦時，想要讓事情保持正常運作，會變得相當困難。

我們每個人都曾有過不想離開床鋪的時候，但如果你每一天都這樣，那日子會變成什麼樣子？若每天都睡到日上三竿，那麼，想要做點什麼事都是困難的。

保養身體必須從基本功夫開始：出去散步、別再吃冰淇淋，並且在適當時間上床睡覺。網路上可以找到很多有關自我照顧的資料，也有無數書籍談論此一主題，不過其中絕大多數都只是基本常識。

如果你覺得在自我照護方面感到相當吃力，這代表你可能有一些情緒抑鬱的問題，應該先去醫院檢查一下，再開始健身計畫。你的情緒必須能正常運作，才能夠照顧好自己的身體。

放下香菸或甜食，拿起一瓶水，換上健走鞋，出去走走吧，如此一來不僅會對自己感覺更好，還會結交到一些志同道合熱愛健康的新朋友。

50 多笑

如果我們可以年輕兩次及蒼老兩次，我們就能改正所有的錯誤。

——希臘悲劇作家歐里庇得斯（Euripedes）

研究顯示，**每天大笑不僅可以建立自信，還能使你延長八年的壽命。**

《笑退病魔》（*Anatomy of an Illness*）一書的作者諾曼・卡森斯（Norman Cousins），靠著看《三個臭皮匠》（Three Stooges）及馬克斯兄弟（Marx Brothers，一九三〇年代美國的喜劇團體）的老電影讓自己哈哈大笑。這個經驗讓他產生足夠的信心，於是開創了精神免疫學（psycho-immunology）的研究，這門科學大致上是在研究人類的想法會如何影響健康。

在這項突破性的研究之後，有關大笑與幽默的療癒力量，以及在心理諮商與醫藥的應用，已衍生出數項理論。

當我的客戶陷入親子關係困境以及自我懷疑時，我都會鼓勵他們幽默一下。這是人類最少使用的工具之一。如果大家都能夠多多自我嘲諷，抗憂鬱劑的銷量必然銳減，離婚率和自殺率也是。

幽默感對於維持情感有著強大的正面力量。若是一對愛侶可以在他們爭執時找到幽默，長期維持美滿關係的機率就會大幅升高。

可以把別人逗笑不但是一種才華，更是一項天賦。笑聲可以幫你度過最黑暗的夜晚，以及面對最艱難的日子。看看自己的生活，想想你何時在尷尬時刻笑了出來，或者在自己出糗時哈哈大笑。

有時你可能很難找到可以大笑的事物，或者一起大笑的人。有時，人生根本沒有給你想笑的空間或理由。假如這樣，你還是需要放鬆一下，上電影院或者去租一部真的很棒的喜劇。你也可以閱讀好笑的書，給自己放個大笑假期，這樣可以增進自信，降低壓力，讓自己放鬆，至少暫時忘卻煩惱。

每天都要笑一笑，再不然每週至少一次，才能維持自信。所以，去看點好笑的東西，像是喜劇影集或網路上流傳的好笑影片。不管什麼，只要能把你逗笑，我都熱烈推薦。

51 情緒化的人，不會有自信

堅持自己的意見，但不要相信這就是全部的真理，或是唯一的真理。

——美國插畫家查爾斯．達納（Charles A. Dana）

你上次做出情緒上的過度反應時，結果是什麼？是不是對很重要的人大吼大叫？結果花了數小時或數日才讓彼此恢復平靜，生活重回常軌？事後回想起來，你是不是覺得其實可以有更好的處理方式？

人或多或少會感到焦慮。這種焦慮會破壞人際關係。想要改變這種負面能量的第一步，是好好回想自己處於困難或脅迫情況的情緒反應。

當你過度反應時，你就成為情緒的受害者，也把別人變成受害者。你一定要學會控制情緒，如果你開始這麼做，將可扭轉結局，事情會變得簡單許多。工作不但可以更快做好，情感也不再容易受傷，有多餘時間去做讓自己開心的事，而不是傷害自己及一同工作的夥伴。

此外，你會感受到別人對你的觀感改變了；大家開始喜歡你，而不是敷衍你。要達到這種境界，你只需要在開口說話前先問自己：「我是不是又反應過度了？」

就趁現在，花一點時間想想，如果別人真的喜歡你，你會有何感受。你的內心將油然升起一陣溫暖，這就是你選擇理性回應而不是情緒反應的最好結果。

52 你不必大聲叫嚷

給小孩取名一定要用母音結尾，當你大叫時，名字才可以拖得很長。

——「天才老爹」比爾．寇斯比（Bill Cosby）

語言暴力是人際及商業關係中，最具殺傷力的行為。這麼做只會使你看起來像個沒有安全感的流氓。事實上，**有自信的人永遠不必大聲叫嚷**。

幸好，大聲叫嚷是很容易改變的行為。不妨回顧過去，看看以前是不是有什麼事讓你養成這種壞習慣。或許你的家庭環境習慣了叫喊與辱罵，大家還把它當成是一種正常的溝通，很多人都認為語言暴力沒有什麼不對，不幸的是，潛意識的影響是很可怕的，尤其是對自我形象與自信程度的打擊。

來自語言暴力環境的人，或是在這種環境居住或工作的人，比其他人更缺乏安全感。他們無時無刻不在懷疑自己的工作或情感，懷疑明天是否依然無恙——這實在不是什麼美好的生活方式。

戒除這種惡習的最有力方法就是以身作則。如果你經常大喊大叫，就等於允許身邊的人這麼做（因為你給他們做了壞榜樣）。想要終止言語暴力會有些辛苦，但結果是值得的，而且越常練習就會做得越好。

恢復平靜的技巧很簡單，去散步，深呼吸，或者只是閉上眼睛，讓心情沉澱下來。等到你打破這種模式的次數增加了，就會更加容易。

避免言語暴力會讓日子過得更好，不論是在家裡或其他地方。同時也能得到自尊與信心，因為你用成熟的態度來面對人生，別人也會因而敬重你。

請注意，用別人會喜歡的語調與人交談。**你沒有必要提高音量來成就自己。**

53 恰到好處的焦慮

如果我相信自己辦得到，我必然會得到那種能力，即便剛開始時我可能沒有那種能力。

——印度聖雄甘地

人們總希望自己的生活無憂無慮，但那是不可能的。啊，請別誤會。我也想要無憂無慮，可是無憂無慮的我們會變成什麼樣子？其實，焦慮用好幾種方式確保我們的安全：我們不會失足墜落懸崖或者把手伸進獅子嘴裡，因為我們知道這樣會受傷。此外，焦慮會讓我們明白某些事不太對勁，可以做出適度的調整。當你後腦勺發麻，那是焦慮要你提高警覺，確定自己的安全。

焦慮本就是人類生活的一環。我們每天都會感受到焦慮，只是形式不同，就某方面而言，焦慮可能是有益的，竅門在於學習以正面態度對待。

第一步是觀察焦慮能為你帶來什麼好處。或許它在告訴你這項差事不太適合你，或者你根本負擔不起新的平面電視。你不妨先檢視自己的實際感受再做決定。

不過，有些人患有廣泛性焦慮症（Generalized Anxiety Disorder，GAD），或是恐慌症發作，那又另當別論。大多數人不會經常為一般的日常活動而擔憂；若你有這種狀況，並已持續六個月以上，就必須去做檢查，以獲得正確的診斷與治療。

當焦慮來襲時，你要記住自己以前也曾處理過類似的情況，坐下來（或者把車子停到路邊），深呼吸幾口氣，把情況想清楚。你會發現自己腦海裡早就有了答案，等稍微平靜下來，對情況會有更清晰的看法。

54 難以啟齒的話，要這樣說

凡人皆有我所不及處，遂可師焉。

——美國文學家愛默生（Ralph Waldo Emerson）

妥善處理衝突的唯一方式，就是面對衝突。大多數人會避免討論棘手話題，因為坦白說，那實在令人不快。不幸的是，如果你逃避面對，只會延長這份痛苦，可能還會產生一些怨氣。

以下是一些「輕鬆開啟一個困難話題」，並成功完成對話的訣竅。

• 首先，請求對方提供意見，這個動作說明你相當願意（也相當有信心）承擔風險。此外，由於你是主導者，所以會擁有更多權力。而且這麼做亦可大幅降低對方的防備，讓他更願意參與。

談話展開後，先肯定對方願意討論，並在對談開始及結束時感謝他，這可讓此次討論成為你們共同努力的成果，並使他感覺自己有所貢獻。由於這次談話令他防備減弱，更易於進行下一次的棘手話題。

●為談話設定時間限制。大多數人可以接受的時間大約是三十分鐘到一個小時之間。如果需要繼續進行談話，可另行約定往後幾天的時間；如此一來事情才不會懸而不決。

●告訴對方自己聽到的訊息，好讓自己知道對於對方論點的解釋是對的，這也可以讓所有人都知道你們確實已互相「了解」（或者不了解）彼此的感受。此舉起初看似麻煩，卻能夠讓每個人都保持清楚認知，有助於彼此確信談話正按照你們所希望的方向前進。

●解決之道不外乎是妥協，此時你的態度非常重要。你的目的是展現自信而非驕傲，也要努力讓雙方都覺得能各取所需，並拋下任何一切可能出現的負面感受。

• 將你的問題以及你希望對方做的事情列成一張清單，白紙黑字總是可以讓人更輕易的記住重點，並且集中焦點。這也可以協助確認自己是否已處理完整個議題，而非只是其中某部分。

• 坦然接受犯錯。棘手話題的結局不會永遠盡如人意，某些時候你可以適時的道歉或調整一下心態，心懷芥蒂只會造成更多紛爭。自信的人並不在意犯錯，事實上，他們多半會將之視為一個學習機會，有助於下次改進。

• 尋找並重視專家的建議。請記住，沒有一個人是無所不知的，所以尋找不同資源是很正常的，若是你們的談話開始陷入爭執，你可以請第三者來協助居間調解。如果與你討論的同事、教授、治療師或是專家，對你的意見或看法表示駁斥，請花點時間考量一下，你會因此更加成熟。

溝通過程中必帶有情緒成分，棘手的談話可能會帶來許多感受，請務必說出自己的心裡話，但別讓情緒左右一切。一旦每個人都陳述過自己的論點並達成協議後，請將成果加以整合並再次確認，以便繼續往下討論。

能夠成功的談論一個棘手話題，是建立並維繫自信的最有價值工具之一。對於多數人來說這並不容易，但只要有意願、假以時日經過練習後，每個人都能辦到。其中的關鍵即在於克服一開始的尷尬不安，因為，一旦將問題攤在臺面上，你的生活就會變得更簡單。

55 是不是白目，看反應便知

絕對不要低頭，永遠要昂首抬頭，直接面對這個世界。

——海倫．凱勒（Helen Keller）

老是出口傷人，會將他人從你身邊推開，如果你一再如此，沒有任何人還想要與你溝通或連繫。到時，你不再擁有任何情感的支持，自信也會像流星般消失。當把批評別人變成一種生活模式時，人們只會對你不理不睬。當別人對你的話相應不理時，你會感到自己不受尊重、不被接受。無論你的看法有多麼正確，只要無法被傳遞接收，對自信絕無益處。

為避免這種惡性循環，請謹慎的遣詞用字，並在破口大罵別人前，先想像一下對方可能會如何回應。如果能夠調整一下說法，那麼對方也會調整回應的方式。這是一個很簡單的過程，然而卻少有人這麼想。

如果你確實認為自己的意見可以改善某個人的生活、行為或是工作，那麼請等到四下無人時，再以這樣的方式說：「我真的對你所說的事情很感興趣，但我認為不是每個人都能夠了解你。如果你願意聽一下，我有個主意或許可以幫上忙。」

以他人不致感到難堪或被批判的方式來溝通，對方會更坦然接受你要說的話。如果你了解到自己能夠察覺別人所不能發現的問題，且讓他人接受此一看法，絕對有助於自信。

有句老話說得對：「重要的不是你說了什麼，而是你是怎麼說的。」假設某人認為你只是要批判他，那麼無論他多麼願意採納你的睿智看法，都會打消念頭。絕對不要隨便批評或否定一個人的想法。如果有不同的意見，要以友好的方式表達。

還有，記得微笑。聲調語氣構成了將近一半的溝通語言，另外一部分則是視覺溝通。以真誠且溫和的口吻來說話，可以讓對方了解到你是發自關切的立場。這也是自信的人的溝通方式。

56 表達情緒而不情緒化

無論喜悅或不滿，現在便發洩出來，表達自身感受，能夠紓解一個人的內心。

——歷史學家奎齊亞迪尼（Francesco Guicciardini）

真誠對待自身的情感，會讓你對自我更加滿意。表達出內心真正的感受，是一件自由解放、也是令人充滿力量的一件事。某些時候由於形勢的要求，你必須按捺住真話不說，例如有其他人在場（尤其是孩童）；或是你正在氣頭上，這時你必須確保自己不會說出冒犯或觸怒他人的話，但並非不可表達情緒，因為你的目的是要傳遞出真實的感受，成為一個開放且真誠的人，而非打擊另一個人使其困窘。

某些時候我們需要表達出自己的痛苦與悲傷，但許多人卻害怕這麼做，因為他們擔心自己可能會一發不可收拾。這是一個誤解，因為鬱悶灰暗的想法會扭曲你的思考，藉由讓眼淚流下，你會釋放出傷痛，讓你的心裡面有更多空間容納正面的想法與感受。**表達出你的痛苦，是終結痛苦的良好方式**。

相較於快樂的事，絕大多數人都更擅於談論自己所受的委屈。請找個時間找個對象告訴他，他的某些作為曾經讓你的人生變得更好，說出這些話也會讓你有更美好的感受。請和表達負面情感一樣，盡可能的表達出你的正面感受。一旦情感獲得平衡，你的人生會變得更有意義。

當你張開口，也就開啟了心房，若能明白有人可以真正的傾聽你的感受、「了解」你，不僅可提升自信，也能撫慰你的靈魂。

57 有情緒？這是好事

信心是具有感染力的，缺乏信心也是，且無論是何種情形，顧客皆能察覺。

——美式足球名教練隆巴迪（Vince Lombardi）

信心訓練在工作場合絕對有必要，其中包含協助人們解讀自己的情緒。其實，情緒化的人多半是熱情的人，而熱情的人能夠推動事情發生。他們創造改變，勇於革新。他們的熱情能夠帶來持久、且能為企業帶來一股健康的能量與生產力。

當然，在眾多企業主以及管理高層心中，有情緒是不好的；管理階層總希望員工保持冷靜與客觀。不過與此同時，他們又希望員工能夠充滿動力與熱情，並常花費無數的時間以及大量的金錢，試圖讓員工打起勁來。

其實，熱情本身便是一種情緒（一種健康的情緒），因此如果想在工作場合杜絕各種情緒，只會適得其反。最好的方式是協助員工掌控自己的情緒，而非以大聲咆哮來宣洩。

負面情緒會造成員工表現異常，流於責怪謾罵，並阻礙管理。假設負面且不健全的情緒未能獲得處理，企業可能因此喪失優秀員工，甚至是優良的顧客與客戶。無論喜歡與否，這年頭的企業主管必須扮演部屬的心理治療師，而且必須做個好的治療師，協助團隊成員對他們自己及企業有信心。

58 動手處理失望

年紀再大，也無法消除冰淇淋從蛋卷掉下去的極度失望。

——吉姆．菲比希（Jim Fiebig）

大多數人以為，有自信的人從來不必應付失望的感受。事實是，每個人處理失望的方式都不相同；有自信的人不會像那些懷疑自我的人那麼輕易被擊倒。好消息是，大家都可以學習如何處理失望，在學習過程中，你也會增加自己的信心。

失望之餘，有的人的反應是躺在床上好幾天，有的人是無精打采，什麼事都不想做，我們都需要找出方式來處理生活中不如人意的時候。情感破裂、經商失敗或是投資虧損，這些都是無可避免的。如果只是一味躲避，你永遠沒有機會前進到下個階段，或者由其中學習到教訓。

正常的人都會感到伴隨著挫敗而來的悲傷，但是**有自信的人以建設性的方式發洩情感，並且擬定計畫讓自己的心情好起來**。例如打掃家裡或整理庭園，去看心理治療師、運動，或者是任何可以讓人抒發情感的事。

你或許無法克服失望，但你可以把精力投注到其他事物，做好某件事可以讓你覺得好過一些。請整理你的內衣抽屜、修剪玫瑰，或者撰寫部落格，你都會對自己的處境感到好過一些。

失望讓我們像是沒有風吹動的帆船。你可以因為懊惱而停在原地不動，或者可以拿出槳來慢慢划向岸邊。我不知道你會抵達一座荒島或是熱帶天堂，但待在原地不動，只會讓你葬身魚腹，所以唯一的選擇就是向前划。

對於周遭環境暫時理想幻滅，是很正常的。留在原地也是一種選擇，但**我寧可失敗一百次，也不要放棄嘗試**。人生苦短，不應活在失望當中，努力的方式有千百種，你可以做到的。

59 不能放任別人傷害你

愛所有人，信任少許人，勿傷害任何人。

——威廉．莎士比亞（William Shakespeare）

有自信的人不會接受另一個人的不當行為。當某個人的行為失當或很有可能做出傷人之舉時，你最好的選擇便是勇敢說出「不要」，或是在有必要時起身離去（或者要求對方離開），讓對方知道他已經逾越界線，並示意他勿再做出此舉。

別任由自己遭到任意的傷害。任由他人傷害比我所能想到的任何事情，還要更加快速的折損你的自信。

60 自信心是演出來的

你無法持續表現出與你的本性不符的態度。

——美國勵志演說家吉格．金克拉（Zig Ziglar）

我們都聽過「假裝久了就變成真的」以及「有樣學樣」，假如有人曾經這樣成功過，你為什麼不試試呢？

人們很容易把「假裝」及「虛偽」混為一談。「假裝」不是叫你假裝成有錢人然後亂刷卡，積欠數十萬的卡債。它的重點是發揮你的情緒力量，讓事情按照你希望的方向發展。

舉例來說，如果你想成為主管，就表現得像個主管。穿著合宜的服裝，早起規畫一日行程，打一些拜訪電話，即使是在自己家裡的辦公室。因為你已經習慣安排滿滿一天的行程，而且表現得像名成功的專業人士。

此時，你是在發揮意念的力量（power of Intention），像是美國勵志作家偉恩・戴爾（Wayne W. Dyer）所宣導的。**意念就是牢記你的目標，把它融入日常生活，**最好的方法就是不斷在腦海中刻畫出你的願望的景象。這個過程會在你的腦海裡烙印，你會更容易達到目標，因為你對它們已習以為常。

想像你坐在執行長位子上的感受，對自己有充分自信，這種內在的信心或許比讀MBA更有幫助。

61 情緒不等於事實

在和人們打交道時，你面對的不是有邏輯的動物，而是情緒的動物。

——卡內基

情感是我們動機與信心的核心，因為有情感，我們在面對失望或災難時才能繼續活下去。你或許認識很多情緒化的人，你本人或許就是，但這不是什麼壞事。況且，身為心理治療師（以及人類），我相信有情緒是一件好事。

經過多年後，我們學會接受、享受、了解和信任我們的情緒。誰想放棄那些溫暖、紛亂的感受呢？問題是有時我們只感受到冷酷刺痛、痛苦害怕、傷害我們自尊心的情緒。想要治癒傷痛，我們應該了解到，你所感受到的情緒，並沒有反映出全部的事實。

有時，人們會產生不真實的感受。他們因為感覺非常真實，所以就相信那是真的，但那只是一種感覺而已。你要記得，**感覺當然很重要，但情緒不等於事實**。

我們的情緒來自很多事物。有的是當下發生的，有的則來自於過去。甚至很多情緒是自我想像的，是我們對自己說的謊，造成不必要的痛苦或誤會。

我們一生中，每天的情緒是無限量的（正向與負向的），祕訣在於學習分辨出哪些是自我想像的，哪些才是事實。

當你的老闆或伴侶以奇怪的眼神看你或者提高音調講話，並不代表他們看你不爽。他們可能正在趕時間或者剛好心情很差。不幸的是，你可能因此誤解而想像成負面的結果，造成自己心情低落。接下來好幾天，都以為自己有麻煩或是人生完蛋了，但事實根本不是這樣的。

當覺得有什麼事不對勁時，最好的方法是先不予理會。不要一直想，把它先壓下去，或者不理它；有時唯一的解決方法是直接找出產生這種情緒的原因。心平氣和的詢問（而不是質問）造成這種不對勁感覺的人，以找出真相。

當然，找個信任的旁觀者也是有幫助的，你可以從他們身上聽到實話，你只需問個最簡單的問題：「我表現得還好吧？」

這個過程並不容易，但總勝過你自己亂想來得好。

第五章

讓你產生自信的事前動作

62 學會問問題

思緒清晰可令人專注。

——職業教練機構Coachville創辦人湯瑪斯·雷納德（Thomas Leonard）

如果你現在面臨一個難題，首先要做的事就是「把問題釐清」。你可以請一位信任的好友來幫忙，看看他會想到什麼你所沒有想到的事，讓你對於問題更加清楚。一旦了解問題所在，便可開始思考解決之道。

你的問題可以是：這要花多少錢？或是花多久時間？為什麼我們非得這麼做？問問題時不要先自我設限——這項練習不會花費一分一毫，卻能夠讓你獲得所需資訊，進而做出深思熟慮的決策，並具備信心。

學會對自己提出正確問題，可節省時間與金錢，並感到擁有自主權。

63 愛上練習，邊練邊想像

經驗是你最好的老師。——無名氏

人生絕大多數的事情就像騎自行車一樣，即便相隔多年，每當你想再次嘗試，剛開始或許會有些傾斜不穩，但很快能上手。

其實，這就是經驗。一旦知道自己擅長某件事情，即便過程中有一、兩次表現不佳，你還是會相信自己可以恢復到原本的水準，並且持續改善。這也是體育界、藝術界的傑出成就者以及領袖們，普遍擁有的特質。

這些人會花時間練習、研究，讓自己處於最好的狀態。美式足球名將曼寧兄弟（Manning brothers，兩兄弟連續兩年各奪得一次總冠軍）不會因為季賽結束就停止練球。當然，休息也是很重要的，不過假使你喜歡你的工作、喜歡成為表現最好的人，你會自動將球撿起來，看看是否能投得更準確。

所謂的「練習」，其實就是經驗。想想看：你在腦中一遍又一遍的模擬，練習如何避免在球場上被撞倒，保持最佳狀態以發揮最大實力。這全都是經驗，能讓你提升自我、精益求精。

在某一種領域擁有大量經驗的人，往往是該領域最不可或缺的人才。新進醫師可能知道某些最新技術，卻不曾實際體驗，但資深醫師則有實務見聞。所以，在平日我們也許想知悉有什麼最新的醫療技術，但若是談到生病診斷，大多數人寧可選擇擁有實務經驗的資深專家。

請記住：做得越多，經驗越豐富。如果你已經成功過很多次，下一次一定會更容易。

64 一直學一直學

你的成就有多高，信念就有多深。

——冒險家及攝影家威廉．斯科拉維諾（William F. Scolavino）

知識就是力量。若是你受過教育，且真正學會老師所教的內容，那麼便有了強化信心的必勝方法。

別誤會了，我不是說受過教育的人就一定會有成就，許多人的確空有滿腹經綸。所謂受教育不是只有讀書考試，真正的學習可以讓你成為一個視野更廣闊、更優良以及更聰明的人，而且這並不一定非得是傳統的學校教育不可。

學習一門手工藝、創辦一份事業或是上學讀書，都是你接受教育的形式。這些事物都能豐富你的人生，協助你織出一幅鼓舞人心的生活風景。教育可使你更加確立自我，有助於發現某些自己從來不曾察覺的天賦。

我的人生目標一直是當個好老師。我是在年紀比較大了之後才攻讀研究所，獲得學位的經歷對我影響至深。簡單的說，取得這份學歷讓我更相信自己，讓我知道假使我能做到這件事，那麼我便能做到其它任何一件我想做的事。我清楚的記得這一點，也正運用從中得到的能量來寫這一本書，以及未來的每一本書。

學習需要花費金錢，更需耗費人最珍貴的事物：時間，但絕對物有所值。無論你正身處於人生哪一階段，「學習」都是你所能給予自己最好的一份禮物。

65 問「你怎麼辦到的？」，主動問

每一天，在每一方面，我越來越進步了。

——法國心理學家埃米爾．庫埃（Emile Coue）

身為心理治療師，我每天都體會到以下這件事：心理治療雖有幫助，但有句話說：想要進步的話，你必須真心想要改變。

第一步，同時也是最困難的一步，就是體認到改變是必要的，或是你真的想要有所不同。這是最費力的部分，因為人很難看到自己的缺陷。

想要改變你的生活，最好的方法就是參考你敬佩的人是如何辦到的。他們怎樣改善他們的處境，如果你想要尋求某人的忠告，儘管開口。**人們通常會願意提供協助，但不要期望他們會主動幫你。**如果你願意主動尋求建議，就等於展現出你求取進步的決心。

另一個做出改變的方法是在內心進行反省。靜坐下來，感受自己內心的感覺，這是一個治療內心創傷、找出如何提升自我的良方。最簡單的方式是調整自己的吐納（吐氣和吸氣）數分鐘，這個方法亦可有效增進你的幸福感。

讓自己有好心情的方法有千萬種，但它們都需要一個共同條件：你得**自己想要去做，並且真心願意改變。**

66 在心裡頭預演

親眼見到後，你就會相信。——華德．迪士尼（Walt Disney）

很多在職場上獲得升遷或是在某領域成功的人，都花很多時間做身體或心理上的內心演練。

內心演練的方法有許多種，當你在吃早餐或開車時，就可以在心裡預演。如果你想改善生活中的某些事，內心演練一定有用。

在心中練習你想做得更好的事，這就是內心的演練。一丁點的進步就足以讓你產生信心，繼續進行下個計畫和下下個計畫。當你明白自己已有充分練習，可以上台即席演說時，這就是你的進步。事實上，只要願意花時間演練的人，都有信心在機會來臨時，站上演講臺。

太空人和奧運選手總是這麼做。大多數的藝人和藝術家也會進行某種形式的內心演練。有人稱之為視覺化練習，它也有個醫學名稱：臨床導引意象（clinical guided imagery）。不管你怎麼稱呼它，那些進行內心演練以增進技能的人，都能得到勝利。將精神、身體以及情緒上的演練加總起來，就能使你更具信心。

67 經常看看老照片

每個達到今日地位的人，都是由過去開始的。

——美國作家伊凡斯（Richard L. Evans）

看老相片可以讓你發現自己有多少進步，這些年來又是如何改變的。或許你以前是個害羞、表現不好的人，或者在學校很不如意，如今你已成為企業主管或自行創業

（或者兩者兼具）。在這一路上，你必然培養出自信心以及一兩套真功夫。

我們都與過去密不可分，即使是悲傷記憶也會促使我們成長與改變。老相片也會幫助你整理一下自我感受。有些時期或許沒有照片保存下來，你不妨回想一下，為什麼當時沒有帶相機？或是為何不願意拍照？有些家庭可能是因為太忙了，或是因為沒有那種心情。更悲哀的是，一些家庭寧願不要捕捉回憶，因為他們不喜歡某些人或某些地方。

所以，即使是空白的回憶也有脈絡可循。每隔一段時間，就花幾個小時看看以前的你和那些愛你的人，一定會讓你更了解自己。

68 開始寫信心日記

你一定要對自己有所期望，才能做好事情。

——籃球天王麥可．喬丹（Michael Jordan）

寫信心日記是很管用的一招。這個方法非常簡單：你只需寫下五件自己覺得有信心的事。每天這麼做便能改變你的思考與感受。

寫信心日記的最好時間是在睡前，因為自信的想法會在你睡覺時流入潛意識，你不僅會在醒來時更有自信，也會減少壓力，並且更快樂。

我知道這很簡單，但它真的管用，尤其是在不順心時。藉由寫信心日記，你便能將正面想法與情緒灌輸到心裡，慢慢的改變你看待周遭人事物的態度。假如你採取負面態度，很難對自己或周遭環境有好的感受。當你不滿意生活，就更難找到跳脫困境的方法。寫信心日記可以幫你獲得內心的平靜，以及更大的成功。

如同籃球天王麥可．喬丹所說，首先，你一定要對自己有所期望。寫信心日記可以幫你設定期望，營造一個空間，激勵自己去達成那些期望。這是一個簡單的方法，現在就是開始寫信心日記的最佳時機。

69 每天練習趕走負面想法

總有一天，那些相信自己辦得到的人將獲勝。

——《天地一沙鷗》作者理查．巴哈（Richard Bach）

研究發現，人一天當中會產生千萬種念頭，其中有八成都是負面的。科學亦顯示，我們會記得負面事物，是源於人類的DNA。

如果你想讓自己永遠不產生負面想法，很抱歉，這辦不到。我覺得自以為一生中不會產生不愉快的經驗，是很不實際的。不過，你可以在它們浮現時叫它們逐一消失。我知道這聽起來很傻，但真的有效。如果你成功過一次，以後就可以再次做到。我的一名同事為他的負面想法取名為「撒旦」，每當他產生負面想法時，他就叫撒旦回去待在房間，那種想法就會消失。我的一名學生當發現自己產生負面想法時，便在腦海裡想像一片美麗的森林，就能趕走惱人的情緒。

冥想、視覺化及自我催眠等方法，都可以協助你趕走負面想法，在你練習了數週後，會驚訝自己的改變。剛開始這些方法可能有些笨拙，但值得做的事情大致上都需要一些練習和耐心。

70 慶祝自己的小小勝利

上帝賜予你一個可以承受任何事情的身軀。你要說服的是你的想法。

——美式足球名教練隆巴迪

大家都認為：要成功，就必須先變得有自信。其實不然，許多人都已經證明了，先有成功才會有自信。這是因為如果你在人生中的某個領域中成功，即使只是個小小的成功，都會對其他方面產生影響。

小小的勝利（我喜歡這麼稱呼它）可以來自任何事，比如找到一個很好的停車位，或是買樂透中了兩百元。將這些小小的勝利轉變成自信的祕訣就是「接受它」。我的意思就是，**你必須去完全體會那些和勝利有關的感受**。

藉著體會勝利的感覺，可以訓練你的大腦細胞，並給予它最讓人上癮的力量：間慾性的正面強化。每當你給予心裡一些好處，它就越容易被那種感覺所吸引，若你一整天都為那些勝利的事感到高興，無論是多麼微小的事，你想要使更多事情勝利的欲望便會無法自拔的增加，同時，也會提升自我價值。

那些小事看起來也許沒什麼重大意義，或甚至是在浪費時間，卻可以幫助你達到你最終的目標。

舉例來說，你剛才所做的簡報非常成功，即使會議室裡只有四個人，也能幫助你訓練大腦，使它渴望成功的事情一再的發生。

藉由告訴自己達成了某些好事，將它深刻的印在腦海中，就好像你在電腦裡尋找的那份文件，只要你找到它了，你永遠都會知道它在哪兒、要如何打開它；同樣的，只要你知道如何成功，或變得有自信是怎樣的感覺，就能進入那些情緒的處理程序，因為它們就儲存在你的腦海中，而且一定會記得如何找到它們。

如果你現在連早起都做不到，將無法感受到早上散個步或蒔花弄草是如何令人感到快樂，所以你必須先將早上起床沖澡當作一個小小的勝利，再將一早起床坐在後院看報紙當成另一個，強迫自己每天多做一點點，很快的，「早起」這件事看上去就不會是個難事。

成功一定會到來，每一天在每個人身上都會發生。看到它清楚的在我們的生活中一件件發生，會建立你的自信。

71 玩可以增加自信的遊戲

只要傾聽人們不願多談自己的部分，你就會知道他們的自信程度。

——作家布萊恩．傑特（Brian G. Jett）

有時，玩一些些遊戲對於增進自信具有神奇效果。這些遊戲大多很好玩，有的則具有正面衝擊。以下我所介紹的這一項遊戲需要五到十人。

一個人坐在中間，其他人圍著他排成一個圓圈（不必牽手）。坐在外圈的人要輪流告訴坐在中間的人，他們喜歡他的幾件事。等圓圈的人都講完以後，坐在中間的人要說出他記得別人讚美的話。然後，大家輪流坐到圓圈中央。

這項遊戲應該有人記錄或錄影，好讓大家記住自己說了什麼，或是遺漏了什麼。等大家都輪流坐到圓圈中央以後，便可進行下一步。

這個遊戲的重點是：**你所記住或可以複述別人喜歡你的事，就是你對自己最有信心的事**。這是因為你聽得進去，並且認同它們。這個遊戲會幫你增強原有的信心，還能加強你原本不知道的優點。

而那些你記不住的讚美，是你不認同自己的部分，或者你認為自己不配獲得那種稱讚。在討論自己最好的一面及建立信心時，旁觀者的說法是一種寶貴的意見。

坦白說，第一次玩這種遊戲時，我只記得好幾個人說我很風趣。即使我不認為自己那麼好，但我努力記住這些讚美。我相信這麼做讓我變得更好，並且提升自信。

72 學點小把戲

但願我活在費城。

——W. C.費爾茲（W. C. Fields）之墓誌銘，他曾對這個「友愛之市」（City of Brotherly Love）費城說過一句話：「啊，沒錯，費城；在那裡一個晚上就讓我覺得像是有兩週那麼久。」

老牌喜劇演員W. C.費爾茲是全世界最好的全方位藝人（至少是他那個時代最好的一位），將他推上明星舞台。他曾經寫作、執導、監製、演出、表演自己特有的戲法，並且成功創立了自己的事業。這代表他分身有術，也足以證明他相信自己的內在能量。

儘管費爾茲老是站不穩，酗酒且不喜歡小孩，不過這些不完美卻無法動搖他對於自身的信心。直至今日，仍有千千萬萬的人記得、喜愛他的作品。他的成就來自於大多數人不屑一顧的事：成為一位絕佳的雜耍者。

學習如何戲耍搞笑看似浪費時間，然而我曾經教導過數以百計的人如何玩弄一些小把戲，上自企業執行長，下至正在戒酒的酒癮患者皆有。學會這些小把戲可以協助一個人脫離困境，重新綻放笑容。

雜耍除了可以增進手眼協調以及專注能力外，還相當有趣，而好消息是所有人都能夠學會雜耍，因為這真的不需要太多時間或天賦。

顯然的，我無法在本書中展示如何雜耍，不過你可以買到一些ＤＶＤ。也許讀到這裡時你開始捧腹大笑，認為這個建議根本浪費時間，但是，某些時候，放下身段讓自己進入一種新模式，會讓你的生活出現天壤之別。

我和我的事業夥伴兩人在進行腦力激盪時，總會不時的玩起雜耍球。這個看似不用大腦的活動實際上能刺激你的思考及創意。

73 B計畫不需要創意

我們的人生，或多或少都會出現重新選擇的重大轉變。

——知名影星哈里遜．福特（Harrison Ford）

許多事情的進展並不會與我們所設想的一樣，因此有個「B計畫」是個很好的主意。有個備案會令你對任何結果都更加安心，這也是有自信的人一項普遍共同特徵。任何曾經在人生中犯錯的成功者都會告訴你，擁有可選擇的替代方案曾讓他不只一次倖免於難。如果你自行創業，或是身處媒體業或藝術界，又或者習慣將所有的雞蛋都放在同一個籃子裡面，那麼「B計畫」便是不可或缺的。

心知自己若是失去了農莊，還有間小公寓可以安身，會讓你在生活中更有安全感。我認識一些擁有車屋的人，他們會開玩笑的說，購買車屋的理由之一，便是這可以作為他們的「萬一」之家。前次洛杉磯發生大地震時，很多的車屋屋主都非常的感謝上天——而我們這些沒有車屋的人則是分外的嫉妒。

在世界經濟動盪不安之下，創造某些額外收入來源也成了一個好主意。同時身兼設計師或建築工的珠寶業者、能夠到學校教書的電腦宅男，或是私底下會創作小說的公關人員，這些人即便失去了現有工作，也能夠另外開創出一片天。

「B計畫」不見得是新點子——我常在各方面重複運用自己擅長的事。我有過在舞臺上彈奏吉他的經驗，那使得我更擅長公開演講，也能成為一名更優秀的電台主持人。我對於歌曲或詩詞所投入的精神，有助於將之轉化為專欄或著作。我投注在經營自身事業上的努力令我擁有更多心得，可協助他人更加順遂。而我一切的歷練，使我成為一名成功且有自信的心理治療師。你所擁有的各項天賦與技能，均可作為基礎，也可以一再的運用。

這裡還有個潛在的好處：某些時候你的原有計畫以及備案可以同時派上用場。我同時提供心理諮詢、顧問，並且到世界各地公開演講。當演講事業變得冷清時（例如九一一事件以及後來的金融海嘯後），我便多撥出一些時間從事寫作與諮詢。在出書的空檔，我則會投入電台節目以及企業顧問的工作，或是參與公共慈善活動。擁有多樣選擇會令你失去某樣選擇時，還有其他辦法可以填補空缺。

所以，請發揮創意，回顧你的過往成就以及現有才能。

順帶一提，「B計畫」並不適用於感情生活。尋找後備對象只會腐蝕現有的這段感情，並傷害每一位當事者。這就不必多說了。

74 練習自己做決定

橫亙在一個人及目標間的唯一事物，常常只是嘗試的意願以及知其可為的信念。

——安麗公司共同創辦人理查．狄維士（Richard M. Devos）

即便你尚未達到設定的目標，但應該在接近目標的過程中感到越來越充實。假設你沒有這種感覺，可能是因為目標設定有誤，你的內心正告訴你有什麼地方不太對勁了。我們必須傾聽這些來自潛意識的訊息。

孩提時代我們只要吃飽、穿暖並得到撫育，便會覺得心滿意足；青少年時期我們渴望受到歡迎、渴望自己夠酷夠帥；當我們長大成人後，我們會期待婚姻、子女或是開啟事業等，我們的需求及欲望經常隨著時間而改變，但很重要的一點就是，你要對自己的選擇懷抱信心，無論年紀大小。

假設，你不是一個「喜歡小孩的人」，那麼即便生兒育女這件事能令成千上萬的人感到充實，在你身上卻是行不通的。只因為身邊的人或親朋好友希望你怎麼做，就據以做出決定，並不會讓你感到快樂，雖然你不想讓所愛的人失望，但如果你從不練習自己做決定，永遠都不會快樂。

75 學著喜歡週一

假使你的工作沒有任何令人不快之處，那麼你便不算是擁有一份工作。

——馬康・富比世（Malcolm S. Forbes）

週一早上發生心臟病、中風、自殺以及各種疾病或意外的機率，比一週內其他日子都還要來得高。研究顯示，這是由於週末假期結束，人們必須去從事他們覺得毫無共鳴的工作，內心感到既不快樂又心煩意亂。

我們都曾有過悶悶不樂的週一。想要逃避通勤、各種差事，或是那個似乎非常樂於折磨你的老闆，這是人之常情。而且在這個工作日漸難覓、職位日益難保的世界裡，即便是最優秀或最樂觀的人，也會有低潮的時刻與日子，但願自己能夠去做些其他的事情，這是人性。

如果你明知自己的職位安穩無虞，卻又提不起勁來享受這一點，請想一想社會上那些連一份工作都沒有的人，即便你確實有些工作過量或是不受老闆重視，但你要學習對自己所擁有的一切心懷感激。

學著「期待週一」可能不是一件太令人興奮的事，不過假使你能夠做到這一點，你的世界將會變得美好得多。請接受工作是人生的一部分，並請在盡可能維持夢想的同時，將正職工作做到最好。

76 找小事、找片刻，開心一下下

相信自己的想法。——美國文學家愛默生

有時，人生裡的小小亮點，可以讓我們度過艱困時刻，例如就在商店前面找到停車位，意外在自己牛仔褲口袋找到兩百元，或者是愛人的眼裡閃過一絲喜悅的光芒。這些小事都可以讓你的日子過得大不同。

這種感覺或許無法持久，不過沒關係。如果你現在過得很辛苦，能夠有一兩分鐘跳脫出來也很好。飽受壓力或悶悶不樂，不利於我們的健康，所以，讓自己體驗正向情緒，即便是混亂當中的短暫幸福，都可以保持活力，讓你更能解決自己的困境。

只要能夠擺脫煩惱，哪怕時間非常短暫，你必然會有不同的想法。沒錯，問題當然不會憑空消失，但至少不會再像之前那麼讓人無法喘息。在對抗自己的心魔時，知道自己還能笑得出來，會讓人充滿力量。不過，這種時刻通常稍縱即逝，所以要懂得把握。

養寵物的人只要看到寵物開心的樣子，就能得到數秒鐘的喜悅。不管是在休息或是玩耍，寵物在黑暗時刻都能給我們一絲力量。我建議許多人去領養貓狗，因為在大多數案例中，飼主和寵物都能從中得到好處。

心情不好時去散步或看看風景，就算你必須開上一段路途，都很有幫助。將你的心靈填滿美景，你或許就會看到，即使在黑暗時刻，也有一絲陽光。

當小事都很順利時，心情就會好起來，想法也變得樂觀。漸漸的，我們會越來越能找到方法讓生活充滿光明。不要騙自己了，就算是美國脫口秀天后歐普拉也曾經歷低潮。坦白面對的人，懂得慶祝小小的勝利。

找出那些小小的亮點，看起來沒什麼大不了，但還是請你試一下。

第六章

由外而內，建立自信

77 不要「見不得別人好」

付出越多，收穫越多。——無名氏

做一個正直、有榮譽感的人，可以讓你變得非常有自信，因為這樣的價值觀總是屹立不搖。

高尚的人格特質會讓我們從利人與利己的角度思考，創造一個有自信的人生。所謂品格高尚的人，見到朋友、所愛的人或是職場新進晚輩比自己優秀時，內心會出現愉悅，不會摻雜嫉妒心。一個擁有高尚人格的人會明白，發生在他人身上的好事，也會對自己產生正面的影響。他們也相信幫助他人總會帶來回饋，讓自己的人脈或影響力更加穩固。

擁有崇高抱負的人樂於幫助他人，且不是為了得到回報，他們選擇「把愛傳出去」。當你也選擇這種「給」的人生態度，你的自我感受與自信都會變得更強，人生也會得到更多收穫。唯有付諸行動幫助身邊的人時，才能產生這種愉快的感受。人無法獨自一人生活，這也是我們為什麼要群策群力、讓世界變得更加美好的理由，如此一來，人生也會更加美好。

78 照你的方法完成一件事

建立自信的方法，就是去做一件你所懼怕的事。

——美國演說家威廉．詹寧斯．布萊安（William Jennings Bryan）

我對藝術毫無天分，但曾到美術學校就讀一年。還記得第一堂的繪畫課，當時我周全的準備了畫紙以及裝滿了各項用具的工具箱——但直到那一刻前，我都還不曾碰過裡面的任何一項東西。

我走進教室，及肩的頭髮隨著微風而擺動。在教室裡找到了一個光線良好的位置後（實際上這個位置是靠窗的，因為我喜歡新鮮空氣），我架起畫板，打開顏料盒，等待教授拿出一只花瓶或是某種形式的靜物，放在教室中心的桌上。

正當我心不在焉時，一名穿著日本和服的年輕女子走到教室中央，踏上講臺，並脫去她的長袍。這讓我嚇了一大跳，因為我意識到，以我當時的實力，是畫不出人體素描的，也無法通過第一門課的考驗。

我試著躲在畫板後面，期盼教授不會注意到我只是假裝在描摹，然而不幸的是，他卻在我身後佇立了五分鐘之久。

接著他以一種完全是居高臨下的口吻問道：「年輕人，有什麼問題嗎？」我看著他反問：「水果盤在哪？」他推一推眼鏡，斜眼看著我，並動手翻查我那簇新的工具箱。

他拿出一瓶黑墨汁，煞有其事的將瓶蓋打開，然後在地上找到一根小木棒放入墨水瓶裡。接著教授從口袋裡拿出一本小記事本，我原以為他是要對我寫下一些評語，然而他卻撕下其中一頁，並將這頁紙貼在我的畫板上後，再將墨汁與木棒遞給我說：「現在，畫下你看到的東西。」

在那一刻我感到自由不受拘束。我不再受限於得確實的畫出一個人，畢竟誰有辦法用一根木棒和一些墨汁，就在一張小紙頭上做到這件事呢？但結果是，我可以。教授給了我新的工具，並去除了我的作品必須與其他學生如出一轍的限制。我以小木棒及黑墨汁所創作出來的成品也近似人形，我對自己確實感到驕傲，這也促進了我的自信心。

從認為自己將要失敗，然後受到鼓勵以全然不同的做法來嘗試，這段經驗徹底啟發了我。

79 偶爾提提當年勇

相信自己。你所能做的比你想像中更多。

——班傑明．史巴克醫師（Benjamin Spock, MD）

當我們無法看見自己的價值時，便很難說服自己的存在，或是生活中會發生什麼美好的事情。從你幫助過的人身上獲得肯定，將有助於你更了解自己。

請想一想人生中有什麼值得驕傲的事情。這些事一定很多，你可能得花上些許時間才能回想起來，例如你曾成功修繕那座老舊的骨董化妝臺，或是上回你以一個簡單的建議幫某人（或是你自己）省下一大筆錢。你擁有某種良好天賦，也值得信賴，不過你必須從自己身上發掘出這一點。

80 動力，別人沒法給

每個早晨，在你睜開眼時，第一件事就是大聲說：我相信。

——《積極思考的力量》作者皮爾博士

若缺乏向前邁進的強勁欲望，**多數人只會坐著等待事情自行發生。這些人的人生通常所獲較少，也普遍的對自身感到並不滿意。**

只要聽到激勵這兩個字，腦海中就會浮現企業領袖試圖替員工打氣，或是啦啦隊鼓勵自家球隊的景象。不過最強大的一種激勵，來自我們自身。

有些人只需要一個明確的願景即可獲得前進的動力，有些人則需要更深層的理由。不過，只要找到這個理由，大腦就會收到訊號，表示你已經準備好迎接面前的下一個挑戰。那會是非常強而有力的一股力量。

希望對身邊的人產生正面影響，也是一種驅動自己的方式，有助於增進自我價值。對大多數人而言，這個目標可以讓他們每天早上起床後，整天都笑臉迎人。

假使你一生中不斷聽到別人說你缺乏動力，可能是因為出於對這些人的反抗心態，於是更不願對此做任何改變，從而使這種敦促成為一種自我實現的預言（self fulfilling prophesy）。事實上，若是你想得到某件事物，卻又無法鼓起力量去爭取，那麼你可能不是真正的想要。

無論是建立自信心或是想買一輛炫車，你都必須凝聚力量，才能邁向目標，其他任何人的想法或作為不應阻礙你，更不必故意和別人的敦促唱反調，那很幼稚。請記住，快樂是朝向你所想要的事物前進，而非坐著等待。

81 不走運時還是有收穫

最高度的感謝並不在於言表，而是要身體力行。

——約翰・甘迺迪（John Fitzgerald Kennedy）

日子有好有壞。經濟危機令數以百萬計的人失去工作，也讓另外好幾百萬的人擔心自己會成為下一個。除此之外還有流失的存款、被拍賣的房子，以及搬回父母家的兒女（或許還帶著自己的兒女），許多人因此難以想像未來幾年時間裡，會有什麼值得感恩、或是能夠感覺自信的事情。

如果你最近才搬回去與家人同住，或許你的房子會擁擠一些，但也會因此擁有更多的愛。有些人相當幸運，擁有真正能夠開心住在一起的家人，因此一同居住與其說是不便，更像是一個好處。我們這些曾經有過相同經驗的人知道，這將會留下一些珍貴的回憶。另外有個附帶的好處是，當你到大賣場採購時會多一雙手幫忙，當需要一些外部的力量建立信心時，也會有更多人為你打氣。

那些失去工作或是收入減少的人（我也曾經如此），據我所知，只要經過一段調適期，習慣開支減少後，生活其實沒什麼不同。這當中會有一些挑戰，例如撙節開支或另行兼差，或許一天下來令人更加疲憊，不過也會讓人更加感恩，因為我們還能夠照顧自己的家人。

我還知道有許多人準備重新進修。中年時期重返校園或技職學校，對某些人而言或許不是那麼有吸引力的選擇，不過上回經濟不景氣時我便是這樣度過的，而我也永遠慶幸自己曾做出這樣的選擇。進修的想法可能令人卻步，所造成的負荷可能也很驚人，不過卻換來自尊心成長、日後收入穩定，以及從事喜好活動的樂趣等回報。重返校園並不是失敗的象徵，這個舉動可以告訴世界（以及你自己），你擁有承受意外狀況發生的勇氣與毅力，且擁有尋找解決之道的創意。你不僅只是爭取生存，更會茁壯成長——這有助於提升自信。

假設你的人生有任何一方面處於低潮，「感謝自己還擁有什麼」的態度有助於評估反思一切，以及你尚未開發的潛能。我們都知道逆境可以使人更加強壯，不過對於那些正在與經濟問題搏鬥的人而言，暫時越過損失、放眼展望更明亮的未來，確實有些難度。或許好光景並不是明年就會來到，不過事情遲早會有所改善，而當情況好轉時，你將會發現，人生中最重要的事物，永遠是環繞在我們身邊的關愛。請感恩，因為愛能夠給予你任何事物皆無法帶來的信心。

82 寬恕是強者的特徵

弱者永遠無法寬恕。寬恕是強者的特徵。

——印度聖雄甘地

如果你抱持著憤恨的情緒，又無法排除這股怨氣，只是阻礙自己擁有更美好的生活罷了。學習寬恕那些曾令你遭到不平對待的人，也學習寬恕你自己，是保持信心的必要工具。

寬恕並不是魔法咒語，無法立即翻轉你的世界，改變所有事情，不過，負面能量不僅會造成痛苦，也會壓抑著你，對身心構成損害。

在你能夠寬恕他人之前，你必須先寬恕自己。若是任由對他人的憤怒充斥心中，人生將無法前進。

能寬恕自己或那些曾令你遭到不平對待的人，會讓你成為一個更有自信的人。

83 找出自己的能力，稱讚一下下

如果你聽到內心一個聲音說：「你不會畫畫。」那麼你一定要開始畫畫，然後那個聲音就會安靜了。

——梵谷（Vincent Van Gogh）

人類最大的進步來源就是認同感。跟工作夥伴說她表現得真好，就是你所能給她的最佳激勵。讓你愛的人知道他在你生命的重要性，就是你對他的最高讚美。可是，很多人對於自己卻吝於給予認同。

當對自己失去信心時，對自己的認同感尤其重要。真正有自信的人明白：他們以前曾經成功過，現在仍擁有那種創造成功的能力，將來必定可以再次成功。

相信自己擁有才能，將可幫助你度過所有難關。想要相信自己，首先你要認識自己的能力，並且稱讚自己擁有那些能力。**這不是自大，而是把增進信心的行為結合到你的思考與生活方式之中。**

所以，下回你獲勝時、做了自豪的事或是說話很有道理時，請在心裡默默稱讚自己做得好。你會越來越能展現自己最好的一面。

84 不說謊，但也別因老實傷人

我不能說謊……把樹砍倒的是我。

——喬治．華盛頓

說謊有損我們的尊嚴。當我們說謊時，或許以為擺脫了麻煩、或者讓別人相信了，但我們其實剝奪了自尊和自信。說謊等於是用自己的言行來攻擊自己的信譽。當說了一個謊，就要說更多的謊來掩飾。沒多久，一個謊言被揭穿，其他所有的謊言也會跟著被拆穿。**坦白有益於提升靈魂**。

可是，到底什麼叫做說謊？很多人只是沒有說實話，但沒有說謊。我聽過對於謊言的最佳定義是：跟應該知道事實的人說出不是事實的話，或者省略事實。

舉一個例子。如果一個陌生人問我銀行戶頭裡有多少錢，我當然沒有義務告訴他，因為他不應該知道，這不干他的事。不過，假如妻子問我上週五下班後去哪裡了，我會老實告訴她，我跟誰去了什麼地方，為什麼去以及做了些什麼，因為她應該知道事實，而且我愛她。

人們也經常遇到必須說「善意的謊言」的情況，況且沒有必要那麼老實以致傷害了別人。如果我的祖母穿了一件她很喜歡但很難看的洋裝，我會告訴她，她看起來美極了，因為破壞她的好心情沒有任何好處。

如果你蹺班被逮到或上班摸魚，最好的方法就是承認自己的錯，並且保證立即改過。當我們用說謊來掩飾自己的過錯時，遲早都會被拆穿。你不必做個完美的人，但要做個知錯能改的人。

吹牛誇耀通常一眼就會被人看穿。誠實述說自己的事，你將會訝異的發現人們喜歡原本的你。說謊會給自己帶來不必要的壓力，養成說實話的習慣，才能無拘無束，不必浪費腦力去記住自己跟誰說過哪些謊話，你會更加自在、輕鬆、更沒有壓力。只要不說謊，你的人生將會得到平靜和信心，因為自己沒有什麼好隱瞞的，沒有什麼好懼怕的，可以高枕無憂。

85 無足輕重的人，才會沒人講閒話

沒有你的允許，誰都不能讓你覺得自卑。

——美國第一夫人愛蓮娜．羅斯福（Eleanor Roosevelt）

你不必在意不友善的人對你的想法，也絕對不要讓它們影響你對自己的想法。**對於周遭人等的批評或閒言閒語置之不理，是保持自信的一項利器。**

在現實生活裡，任何人在一起生活或工作總免不了摩擦。如果有人對不起你，多半不是故意的，如果真是故意的，那表示你可能需要換一個環境了。

假如一個出於嫉妒或沒有安全感的人，說了一些你的閒話或壞話，結果你讓自己受到影響，你的人生一定很不快樂，信心也會像自由落體一樣下墜。還記得小時候被其他小朋友捉弄了，你的母親是怎麼安慰你的：言者無心。還有就是那首古老童謠所唱的：「棍棒與石頭可能打斷我的骨頭，但話語永遠無法傷害我。」

其實，如果有人採取這種態度來刁難你（或者讓你難堪），而你讓他知道他得逞了，他就會食髓知味，一犯再犯。只要不理睬他們，就等於破解了他們的招數。我會把他們想成可憐的傢伙，然後好好過自己的日子。

位居要職的人通常會對職場上那些指責及謠言不予理會。我知道要做到不被那些人激怒並不容易，但是，這樣做等於保護自己，避免自己的心情受到影響。

假如你把惡意評語拋在腦後，說你壞話的人就沒輒了。假如他還繼續這種行為，不妨考慮當面對質，假如還是行不通，就請第三方來協調。我相信你可以依據事情的嚴重性選擇最佳的行動方案，但不必扯開嗓門對罵，因為那只會貶低自己。

86 不玩假的

我們可以不同意，但不要討人厭。——美國總統歐巴馬

不必強辯任何事，沒有任何偽裝，這才是真正的自信。讓人們尊敬你是出於自願，而不是被迫。如果你對自己有所隱瞞，別人就不願意（甚或不知道怎麼）支持你，除非卸下偽裝，你永遠得不到想要的關係。不誠實或者廢話連篇，絕不會達到目的，如果你誠實的說出自己的意圖，就能夠跟每個人合作，共同創造成功。

仁慈親切，顧及大我，以及願意承認自己的一切，就是自信的關鍵。學著接受大家提出來的說法，包括你自己，並且以最和善的方式分享自己的想法。當你這麼做的時候，大家都會得到成長。

87 待人和善、獨立生活

唯有藉由個人額外的成就，人類才能進步。你就是那個人。

——美國政治家湯恩（Charles Towne）

方帽子和黑袍都熨好了，文憑也印好了，家人們由全國各地趕過來，慶祝他們心愛的人踏入社會。從高中、大學或其他教育課程畢業，既是一段美好時光的結束，也是下個人生階段的開始。手中接到畢業證書，是一個人所能感受最強烈的增進信心的經歷。

成就的儀式向來有很多形式。「畢業」是一種重要的成長儀式。一個人由一個階段步入另一個階段，就是值得慶祝的日子。

走上講臺、領取文憑並仔細閱讀上頭的每個字，可以讓你產生一股榮譽感，那足以改變你的人生。展開並且完成這段艱難的旅程，是足以回味一輩子的經驗。

有些人畢業後，就會離開家。父母應該鼓勵子女離家獨立，但提醒他們在迎向未來時，好好回憶過往。大多數人會進入職場，有的則進入研究所，還有的選擇去旅行。無論如何，他們都前進到人生的下個階段，這既令人興奮又害怕。

身為父母的我覺得，爸媽有兩份任務，第一是「教導」子女待人和善。第二是「教導」他們獨立生活。生活本身就不仁慈。所有的父母在子女入社會時都「期待」相同的事：期望子女學習如何面對人生的複雜；希望子女至少已準備好踏入現實世界，他們必須為自己的決定負起責任。然而，光期待並不夠，父母得提供教導。

畢業是充滿希望的時刻，應該要好好慶祝。我建議把慶祝子女畢業當成一項重要的家庭活動。把它當成一個共有的回憶，讓你們一輩子都難以忘懷。人生當中沒有多少機會能夠回味一件充滿喜悅的事。只要有機會創造美好的回憶，你都要好好把握。

最後一點：每當你或心愛的人拿到一份文憑，請馬上把它裱框，掛在牆上。它可以提醒你這項了不起的成就，並鼓勵你爭取更多。

我的一位朋友打電話來邀請我參加她兒子的畢業典禮——幼稚園畢業典禮，所有親朋好友全員集合。雖然這似乎有些過頭了，但只要有機會讓家人歡聚，一同慶祝達成一項目標，有助於增進家人之間的親密關係。這樣的關係本身就有辦法建立大家的自信心。

88 放棄了才算失敗，否則都算經驗

如果你不射門，百分之百不會命中。

——加拿大冰上曲棍球選手韋恩．格雷茨基（Wayne Gretzky）

將你對別人的期望值降低，你當然就不會失望——不過，你也得不到更多東西

了。沒錯，就情感上而言，不要對自己或他人有太大的期望，但這樣你可能什麼東西也得不到。

在經歷過失敗的經驗後，人們通常會習慣性的反思事情的經過。意思是你必須從你的遭遇中學習，設法讓下一次變得更好。你應該保持樂觀，相信自己會有下一次的機會。

有些人的問題在於，首度嘗試時如果沒有成功，就會放棄然後去做其他的事。經驗猶如黃金一般珍貴，很棒的經驗是無價的，如果你不再試著達成目標，那些經驗就永遠沒用了，你也永遠不會知道假如你成功了，人生將會如何。所以，不要怕失敗，也不要輕易放棄任何事情。

89 接受失敗的「坦然」方式

切勿怯懦到不採取行動。人生就是一場實驗，做越多實驗越好。萬一實驗有點危險，可能弄髒或弄破外套，怎麼辦？萬一失敗了，一次或兩次弄得狼狽不堪，怎麼辦？就再站起來呀！你永遠都不必害怕跌倒。

——美國文學家愛默生

有自信的人明白，在達成願望的路途上難免遇上轉折，但他們學會坦然接受，不會太過注意某個特定事件。他們很想的開，這種態度很務實也很有用。

如果你因為離婚、失業或者被拋棄，便把自己看成是窩囊廢，這非常不智，請你把它當成單一事件，而不是無期徒刑的判決。一個人或一家公司不要你，並不代表其他人都不要你，這是常識，但我們總愛沉溺於痛苦中。這種舉動只會侵蝕我們的自信。

每當你發現自己又開始負面思考時，訓練大腦想些可以鼓勵自己的事。這個簡單的動作將可改變你的人生和對人生的看法。你還可以運用另一項工具來改寫負面思考，那就是專注在自己最擅長的事。不管是打高爾夫球或者與人聊天，專注在自己的強項。當下你的大腦便會開始分泌化學物質（例如血清素），讓心情好起來，營造出更有自信的思緒。

就算你輸過幾次，也不表示不能東山再起，無論時間已有多麼遲。自信心給我們力量繼續前進，即便過了很糟的一年，或者好幾年。

第七章

維護自信——自信就像身材，要一直保持

90 讓你的善意擴散

一隻蝴蝶振翅，可能影響地球另一端的氣候變遷。

——保羅．艾利希（Paul Erlich）

「蝴蝶效應」的理論是，一隻蝴蝶揮動雙翅，便可能改變地球另一端的氣候模式，造成或防止一場颶風或其他天然災害的發生。

這個理論也可以應用到你的心理，如果你能向周遭環境釋出某種美好或充滿愛的事物，你便可為這個世界帶來某種增進生命價值的作用。即便只是個看來微不足道的動作，都可能會產生深遠作用、進而改變生命。

91 完全不怕的人，不是真勇敢

信心，就是讓你安心的勇氣。——丹尼爾．馬赫（Daniel Maher）

一無所懼並非真的勇敢；勇氣是儘管在焦慮不安下仍能達成目標。明白自己在面臨挑戰時能擁有氣概，承受迫在眉睫的困難，是建立自信的基石。

察覺周遭形勢、認清自己要走的方向，這個方式能夠協助你順利通過考驗。請將這想像成一趟公路旅行（或者假設你在洛杉磯通勤）：當你在高速公路上駕駛時，你會注意到前方幾輛車呢？假使你只將目光鎖定在正前方的那一輛車，便無法察覺半英哩前面所發生的車禍，但假使你把目光放遠，便有充裕的時間可以應變，不至於撞上某輛車的車尾。

所謂「勇敢」的人，會觀察周遭形勢，能夠注意到事情的變化，予人一種習於處理驚險情勢的印象，倘若他們發現自己身處於一個未知的困境，也會利用手邊現有的資源，臨場發揮。

無論是身體疾患、工作挑戰，或是感情問題，只要你相信自己「要的就是這個」，相信自己可以克服眼前的任何威脅，那麼你的力量會大幅提升。

勇氣源於你對於克服某項恐懼的自信。或許是從事一種新的運動、一場初次約會，或是上一門新的課程——這些事情都會令多數人產生焦慮。沒有人想在朋友的注視下、可能的交往對象面前，或是滿室的學生面前出糗失態，所有人都是如此。因此，誰能克服恐懼，誰就能夠更有力的因應面前的疑難雜症。

92 倒楣的時候，還是做點好事

人們無需等待片刻就可著手改善這個世界，這是多麼美好。

——《安妮日記》作者安妮．法蘭克（Anne Frank）

幫助他人是世上最好的抗憂鬱劑，因為付出與自我感受良好之間有著直接關聯。前者總會造就後者。

假如你習慣了每天上班，而今突然失業了，利用做志工來維持固定作息可能很有幫助。反之，假如你工作太多，或者很忙，固定捐款也可增進自信。即使你沒有日進斗金，也應該保持捐款的習慣。

付出可以促進好能量交流。我一生中曾有好些時候財務狀況不佳，但我仍會持續捐款給一些我認為值得支持的機構和人士。事情總有峰迴路轉的時候，我在不斷付出與努力之下，也讓我直接受益。

我知道這聽起來有些虛幻，但確實有效，只要盡棉薄之力去幫助需要的人，你就能在生命裡創造一股不同的動能。你建立了自信，因為你發現自己正在改善這個世界，或者某一個人的生活。

愛因斯坦說：「**每個人都有義務將他由這個世界得到的，回饋給世界。**」在大多時候，當我們為貧困的人們付出，施與受的雙方都得到建設性的回饋。

請挪出時間、才華或財富，我可以保證，你會得到正面的回饋。

93 應付壞心人的三個方法

信心……取決於誠實、榮譽、責任以及無私的表現。缺一不可。

——美國總統羅斯福（Franklin D. Roosevelt）

惡劣的行為常被當成一種防護罩，讓人覺得可以在面對自己的情緒或別人的負面情緒時保護自己。但如果你不是真的惡劣分子，很難一直保持這種惡劣的能量。很不幸的是，世上真的存在壞心的人。

大多數正常人受到別人的惡劣對待時，多半會選擇委曲求全，以遠離內心的痛苦和焦慮。惡劣分子則享受他們這種行為所帶來的權力感。對這些人來說，行為惡劣是一種癮頭，內心會不斷燃燒惡劣的念頭。他們渾然不知這種性格終將摧毀他們。

我看過有人惡劣對待面帶微笑的服務人員，或是青少年用互相咒罵的口吻說話，彷彿把它當成一種溝通，還有怨偶徒勞無功的想藉由打官司和爭子女監護權來報復對方。大家都想贏，太多人都無法自拔。發生這種狀況時，每個人最後都淪為輸家。

如果你經常面對惡劣的人或行為，可以做三件事。

1. 把你的遭遇告訴別人，有助於減輕痛苦，你也會獲得一些看法。不論這是一次性事件或是持續性的悲劇，找人傾訴你的感受，有助於治療傷痛。

2. 你是有選擇的。如果你是在惡劣的人身邊長大，當你接觸到體貼理解的人，將為你開啟眼界。世上不是每個人都態度惡劣。你要選擇與友善的人來往。

3. 毅然離開。很多人辭掉工作是因為跟老闆處不來。如果你受到不當對待，就馬上離開。

惡劣的行徑是沒有安全感的人所使用的差勁手段，最終是不管用的。如果你是行徑惡劣的人，不要再這樣下去了。就像某首歌唱的：「壞心人必輸。」（Mean People Suck.）

94 決定好好過下去

大多數人生來都是天才，只是迅速的退化了。

——美國建築家富勒（Buckminster Fuller）

心理學家杜魯多博士（Stephen Trudeau）說：「當我們的努力遭遇阻撓時，需要決心才能堅持下去。」杜魯多博士除了是個忙碌的心理治療師之外，亦著有《親職的特教》（*The Special Needs of Parenting*）的一書，描述腦性麻痺的兒子德文給他和妻子瑪麗帶來的喜悅及考驗。

杜魯多和他的妻子瑪麗非常清楚，他們的兒子永遠不會「正常」，人家甚至告訴他們，他不會記得父母的名字，也無法過完整的人生。但他們決心要生下小孩，好好照顧他。

小孩剛出生的那幾年很辛苦，歷經多次手術，看著自己的小孩痛苦，被醫院、醫生、打針和各種奇怪的檢查給嚇壞了，但這個家庭用愛緊緊維繫在一起。

現在，德文是個活躍的青少年，雖然必須使用步行器，但他坦然接受人生。儘管他沒辦法和其他孩子一起運動，但他可以坐在父親機車加掛的邊車（sidecar），那可是十分拉風的。

他們去找叔叔巴頓時，德文喜歡在樓梯上爬上爬下，雖然很花時間，但他決意要靠自己，而且他真的辦到了。他還是個孩子，跟所有孩子一樣的固執。他同時學會不把自己的殘障當成障礙，他甚至學會駕駛電動船，並且十分認真的執行船長的責任，要大家都坐好了，不准嬉鬧。

這家人面對無數考驗，仍決心要好好過下去。他們的信心堅定，關係也很親密。**當一個人下定決心時，就能完成許多事。**如果你自己或家人遭遇不幸而動搖了信心，請記住杜魯多博士的故事。

95 年齡不是問題

當一個人變老，就越來越難驚嚇他。

——德國作家尚・保羅（Jean Paul Richter）

青少年時，我在某農場看到一個招牌，上頭寫著：「不必遺憾年歲增長；少有人享受這等特權。」我一直記得這句話，並把它當成一種價值觀。我因而可以不帶遺憾的享受我的人生，並且以自信的態度面對未來。

人都會變老的，假如你不喜歡自己的年齡，這種負面情緒會滲透到生活裡的其他層面，並侵蝕你的自尊。聽好了，你就是你，你就是現在的年齡。**接受事實才能好好過日子**。如果你哀悼自己的青春，就無法體會當下，無法產生隨著經驗而來的信心，以及伴隨著年齡的智慧。

詹姆士·泰勒（James Taylor）有一首歌的歌詞是：「生命的祕密在於享受時光的流逝。」我十分同意。我相信生命不只有這項祕密，但這是一項好祕密。如果你無法享受每一天、盡情利用每一天，那麼你將帶著遺憾上床，帶著焦慮起床。接受自己的年齡、處境和身旁的人，你會得到更多喜悅與信心。

我不想做個沒用的老頭子。我希望擁有「挺好的」生活品質。我這麼說是因為我明白年齡可能造成一些不便，我也不喜歡失望，所以，我把自己的期望保持在合理水準。我想像自己會有一些身體的毛病，因而讓我慢下腳步，但我不會認輸。話說回來，慢下腳步不就是觀賞世界的最好方式嗎？

事實是，沒有人能夠長生不老，你只要盡可能享受此時此刻。如果不是這樣，你原本可以感受的喜悅，將會變成懊悔，不論你年紀多大，心情都會不愉快。

接受真實的自己吧。我喜歡看到男人身上穿的T恤寫著：「老人萬歲！」穿著這些T恤的老兄不但活得怡然自得，好像跟人家說：「我或許老了，但行動可不像老人。」他們還具有一定的幽默感，讓他們每天都能下床。

我認識很多人在四、五十歲才展開他們的人生、愛情或事業，他們更加享受後半生。你也可以是這樣的人。

96 生存方式出問題，別死不承認

不要讓你不能做的事，干擾你能做的事。

——美國傳奇籃球教練伍登（John Wooden）

改變想法有時會有很大的幫助。可惜，人總在遭遇不幸後才能改變想法，例如突然被裁員或是失去愛人。在遭逢突變後，你被迫重新審視人生。除非你願意用不同觀點去檢視人生，才能做出這些調整，了解到：自己原先的想法可能造成阻力。想法變了，才能激勵你前進。

當想做出改變時，家人或朋友的支持極為關鍵。請抽出一些時間來加強你們的關係，才能得到想要的協助。孤單的人想要調整心情與心態，可能會比較困難。

當你發現以往的生存方式出現問題，並且努力思考如何改變時，加入支持團體或許有用。那裡的人可以幫你解釋和塑造新的行為，透過旁觀者的角度，你對自己也會有新的認識。不過，要注意，並非每個團體的每個人都能做到，必須仔細選擇支持或指導你的人。

人生本就充滿挑戰。通常我們對身邊事物的改變，甚至其他人的改變，都適應得很好。但是，輪到我們自己要改變、要採取新的生活方式時，就變得困難許多。不論你要的是什麼，請記得，唯有自己出力才能跨出第一步，做出改變就是送給自己和關心你的人的一份禮物。

97 狗狗給你的自信，可能比老闆多

你以為狗沒法上天堂？我告訴你，牠們會比我們更快進天堂。

——蘇格蘭小說家羅勃．路易斯．史蒂文森（Robert Louis Stevenson）

兩年前，我開始為我的諮詢業務找尋一位新合夥人——我領養並訓練了一隻治療犬。我認識很多優秀的心理治療師帶著狗一起執業，為他們的工作開拓更寬廣的領域，而且發揮許多用處。對於情緒低落卻無法放開自己、宣洩痛苦的人，有這種會無條件愛人的毛絨絨動物在場，是很有幫助的。

此外，有些志工機構會帶著友善溫和的動物去探訪養老院和醫院。這些可愛的動物可以為那些年邁體弱的人帶來真正的情緒療癒。

我對養狗本來有些猶豫（例如要更換地毯，以後再也不會有成雙的拖鞋）。但考慮過後，我認為狗狗可以幫助我的客戶，我也喜歡在沒人作伴時，帶牠去散步。

這隻小可愛為我的生活以及所有接觸到牠的人帶來無比的愛。我不會每次都帶牠去看診，因為對有些病患來說不太適合（比如過敏或怕狗的人），可是一想到沒有牠，我都會難過。甚至連我家高齡十五歲的貓都接受這隻名叫「仁慈」的小約克夏。

當我跟「仁慈」說要一起去工作時，牠就會很興奮。當牠跟熟識的人在一起時，就像他們天天住在一起似的。牠坐在對方膝上或趴在腳邊，為他們帶來慰藉。

我最近遇到一位老婦人，也牽著一隻約克夏散步。我們的兩隻狗在玩耍時，她告訴我，幾年前丈夫過世，子女們送給她一隻小狗和一支手機。起初她有些擔心自己不能勝任，但必須照料小狗的責任促使她振作起來，並出門散步，現在小狗和她形影不離。她說小狗救了她一命，給她信心面對不確定的未來。

人類與寵物間的牽絆真的很驚人。對某些人而言，甚至取代了與人作伴的需求。像是有些老太太養了一屋子的貓，或是老光棍與他忠心的狗。多年前，我聽到一對年邁的夫妻在失去他們的寵物後便一同自殺了。這真是一件悲劇，他們其實可以再去領養一隻寵物，這樣自己也會得到救贖。

照顧動物，在很多方面會讓你變得更有人性。照顧寵物就像在教導子女負起責任，並讓身邊的所有人都體會到生命的意義。

如果你有意領養動物，不妨跟當地機構聯繫。

98 守規矩，自己找樂子

憲法只保證人民有追求幸福的權利。你必須自己去找到幸福。

——班傑明．富蘭克林

《快樂研究期刊》（*Journal of Happiness Studies*）最近一項研究發現，男性與女性最快樂以及最有自信的年代非常不同。調查結果指出，男性在年輕時（二、三十歲）比較不快樂，而女性在這個年紀是最快樂的。

等到我們四十八歲時，情況正好相反。男性隨著年齡增長而變得比較快樂，女性則變得比較不快樂。我不由得猜想，兩性是否曾有那麼一秒鐘有著相同的心情。

雖然我認為快樂來自內心，以及我們都應該為自己的快樂負責，但是隨著時光流逝，事情會改變。

對很多五十歲以上的男士們來說，達到物質上的目標（既有安全感又有不少玩具）就等同於快樂，但是許多相同年齡的女士們認為，她們在懷孕時最快樂，因為她們履行了為人母的責任。一些女性表示，她們在年紀增長之後比較不快樂，都是跟她們在一起的男人造成的。美國ＡＢＣ新聞臺訪問的一名男士說了很不得體的話，他說那可能是荷爾蒙作怪。

沒錯，我們的大腦會分泌產生快樂感的化學物質（如果這套系統故障，我們可能無法獲得喜悅的存在感），但不論男性或女性都不必淪為年齡或生物時鐘的犧牲品。

不是每個人都會達到相同的快樂程度；有些人天生就比較容易快樂。如同心靈能力或身體特徵，有些人有，有些人則沒有。不過，你確實擁有快樂的力量，只要你選擇加以發揮。

如果你不快樂，就找出會讓你覺得喜悅的事，然後去追求它。你不必現在就離婚、外遇或辭職，但要先認真考慮，首先是想清楚自己擁有的。

把你目前生活的優點與缺點列出來：離婚？想想一個人的生活會是怎樣？或是離

職？你可以做（或是找得到）哪些其他工作？如果你覺得家庭比工作更有成就感，請設法拉近你與所愛的人的關係。如果你認為「金錢至上」，那麼就去追求財富，但要記得，不要踩在別人的屍體上前進。

塔爾．班夏哈（Tal Ben-Shahar）是哈佛大學教授，他開設的「正向心理學」（Positive Psychology）曾獲選「最受歡迎課程」，並著有《更快樂：哈佛最受歡迎的一堂課》（*Happier*）。他認為，**對我們所擁有的一切心存感激，幫助他人，營造有意義的情感關係，是通往快樂的鑰匙**。他還告訴我們，快樂來自於不斷推動目標，日子就能充滿意義與歡樂。

我真心相信，大家都可以得到幸福，不論我們的年齡、性別或環境，但一如人生其他重要的事物，你必須自己去追求。

99 不去想回報

真正的愛就是無私，當你關心伴侶或孩子更勝於自己時，此時你會成為一個施予者，而不再是接受者。

——影星席維斯．史特龍（Sylvester Stallone）

如果今天你沒有什麼其他的事情要做，那麼，何不去協助某個有需要的人，看看自己會有什麼樣的感覺呢？

韋氏大辭典將無私（selflessness）定義為「對自身不加考慮」，我卻必須持不同意見。無私並不是對自身缺乏關注，而是「先把自己的氧氣罩戴上」：假設你無私到不顧自己的程度，則你非但無法真正的幫助任何人，反而搞錯了重點。

無私會讓人提升自我價值感。儘管有些時候我們所付出的對象未必能夠感恩（但大多數人都是會心懷感激的）。**我認為默默付出是提振信心最好的方法**。知道自己所做的事情是正確的，卻不需要對方回報，這便是充分發揮自我潛能的基本要義。

100 建立自信的習慣，別一次全部使用

自信，是我最愛開的抗憂鬱處方。——作者巴登．高史密斯博士

信心就在我們心中，但有時候，環境不斷的向我們投以曲球，使我們暫時失去了它。下次你覺得喪失自信時，試試以下這些方法：

- **想著：「這一點都不難」**。你若沒有足夠的自信，成功將變得困難，你的想法，就算只是隨機閃過的一個念頭，都能建構你的信心。
- **幫助別人**。幫助不幸的人，你從中獲得的感受是無價的。

• **做個好人**。那些道德高尚的人通常是有自信的人。

• **在內心想像**。彷彿你已經找回自信，這樣的態度是建立信心的好工具，它使你能在心中感受到成功，也創造出一個周遭的人也能感受到的氛圍。

• **找一個心靈導師**。在某個你感興趣的領域找一個你尊敬的人，並請他成為你的良師。大部分的人都會因為你的請託而覺得開心，然後盡其所能的協助你。

• **好好照顧自己**。保持健康，持續運動，使自己充滿活力，並且在達成目標時適當的獎賞自己。若你很健康，就能做到任何事，反之，則連生存都是個挑戰。保持身材對你的自信很重要，而運動是你最簡單、最容易取得、且最便宜的抗憂鬱劑，所以別只是坐在那裡，運動對你的心靈和身體有很大的好處，一起來運動吧。

• **知識就是力量**。有些事情就像騎腳踏車一般，當你許久未騎、再次嘗試的時候雖然會有點不穩定，但技巧很快就會回來。要記得知識就是力量，若你受了教育並真正掌握你所學的，沒有人能使你忘記，因為你和那些知識的連結很堅固。

• **寫一本「信心日記」**。這個步驟非常簡單，只要寫下五件你覺得很有自信的事，如果每天都這麼做，它會改變你思考的方式。寫這本日記最好的時機是上床睡覺前，因為喜悅的感覺會在你睡覺時溜進你的潛意識裡，不僅讓你更有自信的起床，也會變得更快樂。

- **尋求支持團體**。若你沒有能在心靈上支持你的朋友、家庭、或工作夥伴，參加一個支持團體，或自己組一個。
- **遠離負面思考**。我們必須記得那些燙人油坑的位置，以免再一次掉進去。

以上這些方法都有用，但別想一次全部使用，花個幾天嘗試其中一個，當你覺得有效時再換另一個，很快就會對自己更有信心、對生活更滿意。那些讓我們質疑自己是否真的如想像中那麼好的事情絕對會來，這些方法能使你重新找回自己的力量。

國家圖書館出版品預行編目（CIP）資料

自信沒人能給，更別自己摧毀！：建立自信的7個好習慣（暢銷五萬本紀念版）／巴登·高史密斯（Barton Goldsmith）著；蕭美惠 譯 --初版.
--臺北市：大是文化
2020.01；240 面；14.8x21公分． --（Think；192）
譯自：100 Ways to Boost Your Self-confidence：believe in yourself and others will too

ISBN 978-957-9654-62-3（平裝）

1. 自信 2. 生活指導

177.2 108021412

Think 192

自信沒人能給，更別自己摧毀！

建立自信的7個好習慣（暢銷五萬本紀念版）

作　　者／巴登・高史密斯（Barton Goldsmith）
譯　　者／蕭美惠
責任編輯／郭亮均
校對編輯／林盈廷
美術編輯／張皓婷
副總編輯／顏惠君
總 編 輯／吳依瑋
發 行 人／徐仲秋
會　　計／林妙燕
版權經理／郝麗珍
行銷企劃／徐千晴
業務助理／王德渝
業務專員／馬絮盈
業務經理／林裕安
總 經 理／陳絜吾

出 版 者／大是文化有限公司
臺北市 100 衡陽路7號8樓
編輯部電話：（02）23757911
購書相關諮詢請洽：（02）23757911 分機122
24小時讀者服務傳真：（02）23756999
讀者服務E-mail：haom@ms28.hinet.net
郵政劃撥帳號／19983366　戶名／大是文化有限公司

法律顧問／永然聯合法律事務所
香港發行／里人文化事業有限公司 "Anyone Cultural Enterprise Ltd"
地址：香港新界荃灣橫龍街78號 正好工業大廈22樓A室
22/F Block A, Jing Ho Industrial Building, 78 Wang Lung Street,Tsuen Wan, N.T., H.K.
電話：（852）24192288　傳真：（852）24191887
E-mail：anyone@biznetvigator.com

封面設計／林雯瑛　內頁排版／Winni
印　　刷／鴻霖印刷傳媒股份有限公司

2011年04月 初版
2020年01月 二版
Printed in Taiwan
定　價／320元（缺頁或裝訂錯誤的書，請寄回更換）
ISBN　978-957-9654-62-3